U0947505

天下无债

陈学军◎著

中国商业出版社

图书在版编目(CIP)数据

天下无债 / 陈学军著.
—北京：中国商业出版社，2018.5

ISBN 978-7-5044-9964-6

Ⅰ. ①天… Ⅱ. ①陈… Ⅲ. ①企业债务—债务管理
Ⅳ. ①F275

中国版本图书馆CIP数据核字（2017）第272332号

责任编辑：王彦

中 国 商 业 出 版 社 出 版 发 行
010-63033100 www.c-cbook.com
（100053 北京广安门内报国寺1号）
新华书店经销
廊坊市华昌印务有限公司
* * * * *
787毫米×1092毫米 16开 11印张 150千字
2018年5月第1版 2018年5月第1次印刷

定价：58.00元
* * * * *
（如有印刷质量问题可更换）

前　言

解债先解心

通过多年的探索研究，我越来越深切地体会到，债事是一个修行的道场。

这是因为债务人是无奈的受难者，每天忧愁如何还钱躲债，心乱如麻，魂不守舍，跑路、坐牢、打官司、跳楼；债权人天天琢磨怎样把钱收回来，用尽各种方式去讨债、催债，收不回债决不罢休。魔鬼之手剥夺了他们的财富、亲情、友情，甚至是生命。债事就像一个面目可憎的魔鬼，带来地狱般的煎熬。

债权人和债务人是债池里的修炼者，痛苦、寂寞、绝望……被纠结的烦恼不断地净化心灵，不断地撞击智慧的火花。债事就像一个菩萨，给人智慧，使人解脱。

慧能大师说，烦恼即是菩提。烦恼与智慧就在一念之间，债事的善恶也在一念之间，因而债事人的苦乐也在一念之间。

佛曰：一花一世界，一草一天堂，一叶一如来，一砂一极乐，一方一净土，一笑一尘缘，一念一清静。

债事之中自有菩提，能从债事中来，到债事中去，回归本真、参透人生，便是债事禅。

禅修是人类回归本质的途径之一。债事禅是“禅”与“债”的禅修，从债事中为现代经济生活输入大智慧，为企业沉淀优秀的基因，为个人提升精神境界；债事禅的精髓就是悟出债事的本质规律，债事的生灭是有规律的，必须遵守天时、地利、人和；债事的流动是有曲线的，必须学会在取舍、散聚、义利之间多一分思考，多一分领悟，多一分智慧。

债事禅是一种淡定。

泰山崩于前而色不变，麋鹿兴于左而目不瞬。这是怎样一种坦然？面对债务，我们首先缺乏的就是这种坦然。

《中庸》有云：“素富贵，行乎富贵；素贫贱，行乎贫贱；素夷狄，行乎夷狄；素患难，行乎患难。君子无入而不自得焉。”在贫贱富贵之中的自由自在，就是一种超然的淡定。作为一名企业家，在手握巨大财富的得意之时淡然，在面对巨额债务的失意之时坦然，心不要为债事所累。只有这样，才能从焦虑、疯狂、急躁中解脱出来。

淡定之中，必有晴天。境由心造，相由心生。心无物欲，方寸之间皆海阔天空，永无崖畔。胸怀坦荡，宛若长空旭日，烦恼则无处藏身。一个时时气定神闲的企业家，能在各种各样的环境中游刃有余，遭遇环境变化、得失成败亦不动摇。他们行也安然，坐也安然，穷也安然，富也安然；宠辱不惊，看庭前花开花落；去留无意，望天空云卷云舒。

债事禅是一种静虑。

静中自有智慧出。债事的关系错综复杂，没有足够的智慧无法参透其中的奥秘。归根结底，债事发生的主要原因是借了不该借的钱，碰了不该碰的钱，赚了不该赚的钱。他们未曾想过，顺境时应提防贪恋心生起，应作惭愧想，如此，道业自然精进；逆境时应提防嗔恶心生起，应作除业障想，如此，心中自然平和。用禅的智慧去烛照债事的迷茫、颠倒、黑暗、千丝万缕，一定会找到解决之道。

债事禅是一种放下。

对债事的执着心、分别心，带给心底的杂念、思虑，才使人备受求不得之苦。

禅宗六祖慧能那首著名的诗偈：“菩提本无树，明镜亦非台。本来无一物，何处惹尘埃”。心本来是清净的，放下分别心、是非心、得失心、执着心，放下贪嗔痴，不绝望于人生的苦，也不执着于人生之乐，还真心的清净本性，获得真正的自然安宁、惬意、舒适、安逸。

如果放不下，心小了，所有的小事就都大了；如果放下了，心大了，所有的大事就都小了。

债事禅是一种担当。

心里放下，手里拿起，这就是担当。债事禅不是离开债事生活，而是改变对债事的态度；不是抛弃债事的责任和义务，而是如何最快、最好地解债，不失衡、不迷惑、不怨叹、不计较；不是让我们没有情感，而是一种大情感，心生慈悲宽容，包容共生，皆大欢喜，随喜功德。

目 录

债务是指由过去交易、事项形成的，由单位或个人承担并预期会导致经济利益流出单位或个人的现时义务，包括各种借款、应付及预收款项等。

债务人是无奈的受难者，每天忧愁如何还钱躲债，心乱如麻，魂不守舍，跑路、坐牢、打官司、跳楼；债权人天天琢磨怎样把钱收回来，用尽各种方式去讨债、催债，收不回债决不罢休。魔鬼之手剥夺了他们的财富、亲情、友情，甚至是生命。

债权人和债务人是债池里的修炼者，痛苦、寂寞、绝望……被纠结的烦恼不断地净化心灵，不断地撞击智慧的火花。债事就像一个菩萨，给人智慧，使人解脱债事之中自有菩提，能从债事中来，到债事中去，回归本真、参透人生，便是债事禅。

《中庸》有云：“素富贵，行乎富贵；素贫贱，行乎贫贱；素夷狄，行乎夷狄；素患难，行乎患难。君子无入而不自得焉。”在贫贱富贵之中的自由自在，就是一种超然的淡定。作为一名企业家，在手握巨大财富的得意之时淡然，在面对巨额债务的失意之时坦然，心不要为债事所累。只有这样，才能从焦虑、疯狂、急躁中解脱出来。

债事禅是“禅”与“债”的禅修，从债事中为现代经济生活输入大智慧，为企业沉淀优秀的基因，为个人提升精神境界；债事禅的精髓就是悟出债事的本质规律，债事的生灭是有规律的，必须遵守天时、地利、人和；债事的流动是有曲线的，必须学会在取舍、散聚、义利之间多一分思考，多一分领悟，多一分智慧.

"菩提本无树，明镜亦非台。本来无一物，何处惹尘埃"。心本来是清净的，放下分别心、是非心、得失心、执着心，放下贪嗔痴，不绝望于人生的苦，也不执着于人生之乐，还真心的清净本性，获得真正的自然安宁、惬意、舒适、安逸。

如果放不下，心就小了，所有的小事就都大了；如果放下了，心就大了，所有的大事就都小了。

债事禅是一种担当。担当体现一个人的魄力与责任，敢于担当是一种责任，是一种行为操守，是一种思想境界，更是一种精神。

有一分热，就要发一分光；有一份职责，就要释放一份正能量。面对当前企业出现的债务难题、各种矛盾和问题层出不穷的现实，解债工作者更要有敢于担当的勇气和底气，才能更好地服务于面临债务危机的企业，帮助他们走出危机的困境。

第一章

债务产生的本质原因

债务是指由过去交易、事项形成的，由单位或个人承担并预期会导致经济利益流出单位或个人的现时义务，包括各种借款、应付及预收款项等。

一、债务围城：捆绑欧洲的债务危机

国际金融协会在2017年1月5日的一份报告中称，截至2016年第三季度，欧洲债务占GDP的比重达325%以上，债务规模增加逾11万亿美元，达217万亿美元，并创下历史新高。

1. 欧洲债务危机的到来

现在，人类所经历的经济危机已经走过了两个阶段，分别是生产过剩型经济危机和金融泡沫型经济危机。目前，欧洲的债务危机已经到来。

希腊、爱尔兰、葡萄牙、西班牙、意大利五国经历了非常严重的债务危机，动作迟缓、不作为或乱开“药方”的五国政府难辞其咎。虽然五国政府在危机前与危机中的表现不尽相同，但其失职行为是债务危机的重要助推因素。

首先，为了追逐短期利益，其政府在大选与民意调查中取悦民众，采取“愚民政策”，产生了“饮鸩止渴”的行为。例如，希腊政府在2009年之前就隐瞒了大量的财政亏空的情况。

其次，一些政府试图通过各种途径逃避欧盟委员会与欧洲央行的监管处罚。德国、法国等经济发展“龙头”曾是这方面的负面典型，而其他国家也随之纷纷效仿。

再次，以爱尔兰、西班牙为代表的一些国家政府放任国内经济泡沫膨胀，一旦泡沫破灭，又动用大量纳税人的财富去救助虚拟经济，导致经济结构人为扭曲。

最后，政府首脑过于畏首畏尾，不敢采取果断措施将危机扼杀于“萌芽状态”。例如，意大利政府在 2009 年赤字达到 5.3%时没有采取果断行动，而是一味拖延，导致了目前危机升级的局面。

欧元区的制度缺陷在本次危机中也有所显现。首先，根据欧元区的制度设计，各成员国没有货币发行权，也不具备独立的货币政策，欧洲央行负责整个区域的货币发行与货币政策实施。在欧洲经济一体化进程中，统一的货币使区域内的国家享受到了很多好处。在经济景气阶段，这种安排促进了区域内外的贸易发展，降低了宏观交易成本。然而，在风暴来临时，陷入危机的国家无法因地制宜地执行货币政策，进而无法通过本币贬值来缩小债务规模和增加本国出口产品的国际竞争力，只能通过紧缩财政、提高税收等压缩总需求的办法增加偿债资金来源，这使原本就不景气的经济状况更是雪上加霜。

经济学家分析认为，债务型经济危机的形成，有内外两方面的原因。从欧洲国家的企业内部因素看，它们大力发展民族经济，为了加快增长速度，迅速改变落后面貌，举借了大量外债。但由于各方面的原因，借入的外债未能迅速促进国内经济的发展，高投入、低效益，造成了还本付息的困难。从外部因素看，导致债务型经济危机的原因包括：第一是国际经济环境不利。世界性经济萧条是引发债务危机的一个原因。第二是国际金融市场的形势对欧洲国家不利。国际信贷紧缩、对欧洲国家的贷款中私人商业贷款过多，也会导致债务型经济危机。第三是美国实行的高利率，加重了欧洲国家的债务负担。

另外，生产过剩型经济危机爆发的主要原因是技术周期，新技术的早期暴利会导致过多的企业涌入这一领域，最终必然会出现产能过剩，从而爆发经济危机。大部分国家，如英国、美国等都发生过生产过剩导致的经济危机，人类工业化早期的经济危机大部分都是生产过剩型经济危机，20 世纪 30 年代的经济大萧条也是由生产过剩导致的。

为何会发生生产过剩型经济危机？这是因为欧洲工业化早期新技术对整个经济的影响过大，到了后工业时代，生产过剩型经济危机爆发的可能性已经不大，因为新兴行业在整个经济中占有的比重很小，整个经济更大的比重被传统产业所占据，某一新兴行业的产能过剩或大量企业破产并不会导致整体经济的大幅波动。比如，美国经历过互联网泡沫的破裂，中国也经历过太阳能泡沫的破裂，都没有对经济产生太大影响，因为这些行业在整体经济中占比不高。

除了生产过剩型经济危机，金融泡沫型经济危机也是常见的经济危机。所谓金融泡沫型经济危机，是指因为金融泡沫破裂而导致的经济危机。金融泡沫危机的历史比经济危机还早，在殖民时代早期就出现了历史上非常有名的金融泡沫，如南海泡沫、郁金香泡沫等。随着工业时代的来临，以及股票市场的扩大，金融泡沫型经济危机变得更加频繁，而且与生产过剩型经济危机一起成为经济危机的主要形式。

但对很多国家而言，爆发金融泡沫型经济危机的可能性不大，金融泡沫破裂对整个经济的影响也不大。因为在后工业时代，服务业占据的比重已经很大，而服务业受金融影响不大，所以金融泡沫的破裂对整个经济的影响也不会大。

经济危机不是传统意义上的生产过剩型经济危机，因为在经济危机爆发时并没有明显的生产过剩，也没有大量实体制造企业的破产；也不是传统意义上的金融泡沫型经济危机，因为并没有出现股市暴跌，而且如果是金融泡沫型经济危机，股市回调就意味着经济回暖，股市早已走出新高，但经济危机却越来越严重。

债务型经济危机是比较年轻的经济危机，以前发生过，但主要发生在发展中国家，而且主要是外债危机。经济危机主要发生在发达国家，而且主要以本国债务为主。笔者早期就开始研究债务危机，对债务型经济危机的研究最为深刻。债务型经济危机有以下几个特点：

（1）债务危机并非周期性经济危机。周期性经济危机是指由周期性经济因素所导致的经济危机，我们以前经常遇到的生产过剩型经济危机和金融泡沫型经济危机，都是周期性经济危机。其特点是，即使这些危机不做任何处理，市场都可以自动解决，就像流感只发生在冬天一样，到了夏天自然就会消失。

比如，生产过剩型经济危机等，当新一轮技术创新来临时，经济就会走出危机；又如，金融泡沫型经济危机，只要有一轮新的炒作题材出现并吸引新投资者入场，经济自然就会走出危机。但债务危机是没有周期的，也不是由常见的周期性经济因素导致的。我们以前遇到的经济危机都是七八年爆发一次，萧条两三年就可以顺利走出。债务危机则与其完全不同，因此我们不可期待像周期性经济危机一样，市场会自动走出危机。

（2）债务型经济危机不会随时间的推移自动变轻，而是会越来越严重。生产过剩型经济危机随着过剩产能的出清，经济会走出通缩，企业利润也会恢复，从而市场就会走出危机；金融泡沫型经济危机随着恐慌情绪的消失，冷清的交易也会日益变得活跃。而债务型经济危机则不同，债务型经济危机不会自动减轻，而是会持续加重。

发生经济危机后，欧洲各国的债务都在持续加重，债务型经济危机会导致经济的萧条，并且这种萧条会一直持续下去，所以债务型经济危机往往会呈现出“L”形的走势，而且“L”形的下画线会拉得很长。

（3）债务型经济危机也会导致整个经济，甚至整个社会出现系统性风险。之所以出现债务，是因为收入覆盖不了支出，而不管任何形式的债务都是有利息的，利息会进一步加重债务，而且债务和利息都是复利式增长的，非常可怕，最后的结果就是财政收入的一大部分都用来还利息，而不能用于正常的财政支出。

这将导致一系列的问题，比如福利支出的削减、政府投资的下降等。欧洲国家政府为了避免利息的爆炸，往往都会走向零利率政策，这会导致金融市场的扭曲，而金融市场的扭曲又会导致创新的衰落，从而往往会导致整个经济系统都出现问题。

2. 穆迪的信用评级

穆迪投资服务有限公司是美国评级业务的先驱，也是当今世界评级机构中最负盛名的一个。它不仅对国内的各种债券和股票进行评级，还将评级业务推进到国际市场。

评级级别由最高的 AAA 级到最低的 C 级，一共有 21 个级别。评级级别分为两个部分，包括投资等级和投机等级。

1）评级的真正目的

穆迪公司是美国三大评级机构之首，其前三大股东是巴菲特、美国先锋集团以及贝莱德集团。它们是美国最重要的基金管理公司。

2017 年 5 月 24 日之前，穆迪公司对中国的主权信用等级评级是 AA3。在这上面还有 AAA、AA1、AA2 三个等级。

不同评级的资产，比如国债，其风险系数是不一样的。我国的商业银行规定，AA 级以上（包括 AA 级）的风险系数是零；AA 级以下、A 级以上的风险系数是 20%；到了 BBB 级之下，风险系数就是 100%，甚至更高。所以，这个评级会影响到国债销售的价格。

考虑到风险系数越高，占据的风险损失准备金就要预留越多，这就产生了信用风险溢价。这次信用等级下调之后，等于定向推升了中国国债与美国国债的收益差距。其效果相当于美元对人民币定向加息，可能在 0.15%左右。

下调会有两个结果：第一，推升中国从外部融资的成本。只有付出更高的利息，才能吸引外资来购买你的资产，比如国债。第二，让美元资产相对于人民币资产增加吸引力。这次下调，等于人为拉大了中美资产的息差，原来某些没有吸引力的美元资产，现在相对于人民币资产来看，就要好看一些了。

2）无奈还是回马枪

从过去的经验来看，美国评级机构的行动是一套组合拳，下调一个国家的主权信用等级后，接着就要下调企业方面的评级。果不其然，2017 年 5 月 24 日下午就传来消息，穆迪公司下调 26 家中国非金融企业和基础设施类政府相关发行人及其子公司评级，其中 17 家是央企及附属子公司。

其实仅看穆迪公司给出的理由并不过分，债务上升、经济减速是我们已经多次承认的，但问题是不应该“一言不合”就降级，因为降级的影响实在太大了。

首先，穆迪公司下调 26 家中国非金融企业和基础设施类政府相关发行人及其子公司评级，其中 17 家是央企及附属子公司。农发行、国开行和进出口银行的评级全都由 AA3 下调至 A1，别看就是代码不同，少了一个“A”，但融资成本却截然不同（见表 1-1）。在穆迪公司的评级体系中，这些企业一下子就从资产实力较强，变成了资产实力一般。既然资产质量下降，在海外融资的时候，就务必要多给利息了。

其次，穆迪公司开了头，另外两家评级公司标准普尔和惠誉，也会跟进对中国的评级调降。既然这个大门打开了，似乎无可避免，如果这两家公司都对中国调降评级，那么就意味着整个中国以及中国企业在海外的融资成本将全面提升。

最后，由于全世界投资者都在看三大公司的评级，以此为依据购买投资产品，虽然在次贷危机中三大评级机构饱受质疑，但有一个雷达总比没有强，有人给评级总比没有评级要安全得多，所以被调降评级，势必会对全世界的投资者产生极其负面的心理影响，影响我们的海外融资。

表 1-1　信用等级评级说明

投资级别	评定	说　明
AAA 级	优等	信用质量最高，信用风险最低。利息支付有充足保证，本金安全。为还本付息提供保证的因素即使变化，也是可预见的。发行地位稳固
AA 级 （AA1、AA2、AA3）	高级	信用质量很高，有较低的信用风险。本金利息安全。但利润保证不如 AAA 级债券充足，为还本付息提供保证的因素波动比 AAA 级债券大
A 级 （A1、A2、A3）	中上级	投资品质优良、本金利息安全，但有可能在未来某个时候还本付息的能力会下降
BAA 级 （BAA1、BAA2、BAA3）	中级	保证程序一般。利息支付和本金安全现在有保证，但在相当长远的一段时间内具有不可靠性，缺乏优良的投资品质

当然，我们在第一时间做出了反驳。财政部指出穆迪公司下调中国评级的做法是不恰当的，高估了中国经济的困难，低估了我们深化改革、扩大总需求的能力。我们的地方政府债务只有 36.7%，低于欧盟的警戒线，而我们也是所有国家中经济发展最快的。所以，这种认为我们有债务风险的说法根本就是不成立的。

东方金诚评级副总监俞春江指出，“顺周期评级”通常指的是采取简单趋势外推的判断，“在经济形势向好时上调级别，在经济形势走弱时下调级别”。顺周期评级的弱点在于对结构性变化所致的拐点缺乏前瞻性。

俞春江认为，此次穆迪公司对中国推进供给侧改革的预期成效持悲观态度，是重制度类型轻政府治理能力的表现之一。相较于穆迪公司将政治制度类型作为政治的主要评价标准，东方金诚更重视一国政府能否持续保持政局稳定并切实解决发展中的突出问题。

在中国财政部第一时间回应后，国家发改委和国家统计局也相继发出长文，展现了中国管控债务风险和推动经济稳中向好的能力。

对于债务风险，国家发改委表示，中国杠杆率低于美国、日本、英国、法国，其自身也在下降。中国债务的主要成分并非是容易引起危机的外债，且有显著高于国际平均水平的储蓄率做支撑，因此中国发生系统性风险的可能性很低。

在增长方面，国家统计局从质量、结构、后劲、空间多个角度，说明中国经济稳中向好的态势没有改变。国家统计局还预测说，2017 年全年中国经济能够保持中高速增长，发展的预期目标能够实现并在实际工作中争取更好的结果。

俞春江指出，穆迪公司在 2016 年 3 月下调了中国评级展望及系列国有企业和金融机构的展望后，于 10 月 25 日将 22 家国企的负面展望调回了稳定，并称其甚至能抵御中国主权评级下调一个子集的冲击。

事实上，早在上一轮针对中国信用评级展望的下调中，中国官方就已经表明了态度。

时任中国财长楼继伟就曾明确表示注意到了评级的调整，但市场上并没有因此使得和中国主权债有关的指标发生变化，“我们不忧虑他的评级。至于和评级机构沟通，我们不用给他们‘拜码头’。”

相关经济学家也指出：穆迪对中国经济领域杠杆的担忧是错误的。我们都知道中国所谓的债务问题，实际上中国的债务是集中的，比如大部分公司债都集中在一小部分企业上。对中国的债务问题可能是一种夸大或误解。

中国经济增长放缓并非坏事。中国经济增长在放缓，穆迪好像也在为此担忧。但当一个经济体达到相当发达的程度时，经济增长经常会放缓。在美国，笔者认为 GDP 年增长率只要能达到 3% 就让人激动万分了，因为美国经济已经很成熟了。由于中国 GDP 体量巨大，人均 GDP 也较高，所以保持高速增长很难，关键是应该看到中国经济在增长很多后仍然在增长。因此，穆迪在中国经济持续增长的情况下，下调中国的评级显得有些奇怪。

中国更多依赖债务而非股票来融资也没有问题。穆迪似乎将中国的债务增长归咎于规模相对较小的股票市场，这在中国并没有问题。中国的边际投资者是投机的个人投资者（边际投资者是能够影响市场价格的投资者），这意味着我们常常不能相信他们对股票的估值；而在美国，边际投资者是机构投资者。当股票的估值不那么值得信任时，企业不在股票市场融资或许是更好的选择。只要企业的增长前景好、信誉好，借债就没有问题。

穆迪似乎对中国的金融业“没有增长”颇有微词，但事实上中国的金融业一直在增长。中国与10年前相比，有更多的国家级和省级商业银行，所以现在有了很多机构债权人。另外，其他类型的金融机构，如保险公司、投资公司等也越来越多。其实，中国甚至可以被视为全球金融科技的领军者。中国的金融业在不断增长和成熟，这与中国不断转型和持续增长的经济主题相一致。

二、缺乏核心技术的企业将被淘汰

企业家才是国家不可多得的“国宝”。企业家的产生，比一个获诺贝尔奖的科学家的诞生更加艰难。特别是在创业过程中历经苦难，终于成长起来的企业家，尤其不易。

一个优秀的企业家，不但要有超乎常人的坚强意志、敏锐的洞察力、不断学习的精神，还要善于处理各种复杂的关系，可以算是一本百科全书，或者是一个超人。因为做企业只要稍有疏忽，就会万劫不复，传统行业尤其如此。至于互联网经济的从业者，在很多方面远不如传统企业家，所以传统行业的企业家才是一个国家真正的“国宝”。

中国的民营企业不但解决了90%以上人口的就业问题，还为国家制造了绝大部分财富。除政府部门，以及那些互联网从业者、股票金融等虚拟经济的企业外，制造业才是社会稳定的基石。

对于企业税负究竟重不重的调查问卷，企业家中认为税收负担很重和较重的比例很高，认为税负可以接受的企业家只占很小一部分。

如果用世界银行指标中的“总税率”指标来衡量企业所承担的税负（总税率是指企业的税费和强制缴费占商业利润的比例），则我国企业总税率为68.7%，不仅明显高于发达国家，而且也显著高于发展中国家泰国和南非，仅略低于巴西。之后，继续维持在68.5%和67.8%的高水平上。

做过企业管理的人都很清楚，所谓优惠政策，最好是在同一个体系里面来比较。比如，人家原来喝的是白开水，你在白开水里面放点糖，水就甜了，非常直观，很好比较。但是，如果你先在这白开水里面放点盐，然后再加糖，这样的甜头就出现了偏差，也无法让人体会到糖到底放了多少，无法比较和体会出来。

江浙一带有一些工厂也陆续在往国外搬迁，笔者熟悉的有六家已经迁到柬埔寨等国。据说，还有一些企业在做外迁的准备。

美国、德国等工业基本上都进入了工业4.0时代，机器人开始大规模代替工人生产。我们的制造业，连基本的低廉而勤奋的人工优势都将逐渐丧失殆尽。

当然，我们的资源优势和能够污染的环境优势，经过三十几年的发展，要么已挖掘殆尽，要么已污染殆尽。

美国、日本和欧洲国家当年之所以能让很多低级的制造业外迁，是因为他们自己还掌握着核心技术，掌握着高端制造业，掌握着强大的科学研发能力。更重要的是，这些国家的各种企业品牌都掌握在自己手里，产生的大部分利润都是他们自己国家的。而很多所谓民族企业，实际上都是外国人的。制造业基本上是来料加工、组装，从事的是一些毫无竞争力的低级工作。只要一倒闭、跑路，我们的基础制造业基本上毫无生机，且很长时间缓不过来。

三、企业债台高筑的原因

改革开放至今，邹平县已经发展成为山东省数一数二的工业强县，目前上市公司数量、融资额均居山东省县级城市第一，全国县域经济基本竞争力百强排名常年在前二十。

时间回溯到六年前，民间高利贷是当时邹平县年轻人从事的最为风光的“职业”，并以此为荣。有些人放弃自己稳定的工作，专门从事民间借贷，以此过上豪车出入、大手大脚花钱的生活。

2011—2012 年，在邹平县的大街上，宝马、奥迪、凯迪拉克、英菲尼迪、保时捷等豪车满眼皆是，驾驶者多为年轻人。在邹平县众多年轻人看来，这是一个发财的“门路”，而且投资少、收效快。2011 年，原本一些经常出现在农村村头、城市街头的年轻人挤在县城、乡镇各地宾馆。很快，当他们再次出现在村民面前时，座驾已是宝马、奔驰……在那个时候，民间借贷确实给他们带来了实惠，“一夜暴富”。

长星集团是邹平县长江镇的代表企业，其旗下核心企业包括山东群星纸业有限公司、山东长星风电科技有限公司等，分属风电、造纸、建材及化工材料行业。2013 年国庆期间，该集团传出 60 多亿元贷款无法还本付息的消息，贷款涉及十几家银行，主要原因是被风电投资拖垮。

由于长星集团陷入债务危机并申请破产程序，从而引发广大金融机构对邹平县的关注，导致邹平县被划为金融高风险区。此后，各大金融机构纷纷压缩对邹平县企业的授信规模，上移审批权限，使得企业融资环境非常困难。

邹平县的齐星集团也发生了资金链断裂的情况，36 家金融机构产生超过 70 亿元信贷死账。随着资金链的断裂，齐星集团多个项目因资金短缺而相继停产。一位接近齐星集团的消息人士透露，齐星集团光一级互保圈就达百亿元，外面二级互保圈更是在百亿元到千亿元级别。更令人诧异的是，齐星集团债务的总量不仅仅只限于银行业，还有很多社会欠债，数额大概在 40 亿元左右。齐星的债务链中涉及甚广，不但有多家担保企业，还有社会融资。所谓社会融资，很大程度上属于"高利贷"。

2017 年 3 月 27 日，关于齐星集团的债务问题，邹平县等有关部门组织召开债权人会议，起草了《齐星集团有限公司银行业债委会合作公约》(下称"公约")。这个"公约"包含 36 个债权方。对齐星集团的信贷规模在 3 亿元以上的有 10 家银行，超过 1 亿元规模的银行业机构有 24 家，其中国信证券股份有限公司成为重灾区，信贷敞口最多，高达 7.3 亿元，占债委会总信贷敞口数额的 10.20%，也是唯一一家证券公司债权人；包商银行北京分行信贷敞口为 5 亿元，占比 6.99%，成为重灾区。

齐星集团控股的山东齐星铁塔科技股份有限公司，于 2010 年 2 月 10 日在深交所成功挂牌上市，但已于 2014 年 12 月 15 日将其持有的 78 754 674 股股份转让给龙跃投资，齐星集团目前仅持有齐星铁塔 3.07%的股权。

齐星集团之所以转让齐星铁塔控股权是因为很缺钱。在还是控股股东的时候，齐星集团就频繁将所持股份用于质押融资，以补充自身资金的流动性。当时，齐星集团将所持齐星铁塔股份多处质押，并频繁解除质押再质押，质押比例一度高达 99.99%，所得资金均用于补充齐星集团的流动资金。在转让控股权前夕，齐星集团解除了大部分持股的质押。

当时的齐星集团深受影响，因此在归还银行贷款过程中多次短期拆借齐星铁塔的资金，用于还贷周转，甚至不惜违规而引发证监会的处罚（在企业生死存亡之际，里子远比面子重要）。

而西王集团有限公司位于邹平县，始建于 1986 年，是一家以玉米深加工和特钢为主业，配套物流、金融、国际贸易等产业的全国大型企业。西王集团控股西王食品、西王特钢、西王置业三家上市公司和西王集团财务公司，位列 2016 年中国企业 500 强第 404 位、中国制造业 500 强第 199 位。

西王集团作为贷款的担保方也被卷入其中，且金额巨大。据上海清算网《西王集团有限公司 2017 年度第二期超短期融资券募集说明书》披露，西王集团与齐星集团为互保关系，西王集团对齐星集团的贷款提供连带责任担保，截至 2016 年 6 月末，涉及金额达 24.64 亿元。

据《福布斯》中国富豪榜显示，2016 年张士平家族财富为 365.2 亿元，排名第 27 位，多次问鼎山东首富。近年来，由其控制的位于邹平县的中国宏桥（截至 2016 年 6 月底，张士平通过宏桥控股持有中国宏桥 81.12%的股份），规模迅速扩大，已成为世界最大的铝企。

中国宏桥销售毛利率为 25.70%，较上年同期上涨 2.4 个百分点。同期中国铝业的销售毛利率仅为 7.90%，南山铝业的销售毛利率为 13.39%。事实上，中国宏桥的销售毛利率水平持续高于大部分上市铝企。

中国宏桥远高于同行的毛利率引起了市场，尤其是做空机构的注意。2017 年 3 月初，做空机构 Emerson Analytics 发布报告称，中国宏桥存在财务业绩异常、发电成本不真实、漏报 81 亿元氧化铝成本及隐藏关联方收购事项等问题，发布当日即暴跌 8%。

然而 2017 年 3 月 22 日，中国宏桥和魏桥纺织双双发布公告称，延迟发布业绩并停牌。中国宏桥称，停牌原因是需要更多时间处理其公司核数师就截至 2016 年年底的审核工作提出的问题；此外，其核数师已暂停 2017 年第一季度的审核工作。

以上企业均为邹平县当地巨无霸型企业，撑起了邹平县过半的 GDP。

2017 年以来，当地企业融资成本上升明显，即便是几家知名企业。“比如，魏桥创业集团的发债成本，比去年上升了 1.5 个百分点。”即便如此，能获得融资的企业也并不多，尤其是银行贷款。其他金融机构资金很大部分也来自银行，如今大多也“无米下锅”。

邹平县部分企业开始倡议成立共同维护区域正常信贷秩序的联盟。几十家企业联手，希望与银行平等对话，确保贷款能够按时发放。

四、民营企业的弊端开始凸显

1. 开启潘多拉魔盒

随着经济下行压力增大，一些企业的弊端开始凸显。

在经济高速增长时，无论如何，这些企业总有一定的生存空间。但是，当经济开始下行时，企业的很多原始弊端开始凸显，倒闭不可避免。

在市场上，一些企业老板依靠自身运营能力实现生存的企业，即广大中小企业（这里讨论的企业不是新成长起来的创业、创新型企业，而是指 20 世纪 80 年代以来滋生的那批私营企业，即传统私营企业）。其占中国企业总数的 99%以上，对 GDP 的贡献超过 60%，对税收的贡献超过 50%，提供了近 70%的进出口贸易额，创造了 80%左右的城镇就业岗位。

从这方面来看，中国企业像欧美国家的企业一样，对税收、出口和就业等方面起到主要的支持作用。

面对越来越微薄的利润、越来越激烈的竞争，以及已经越来越狭窄的市场空间，这些企业并不是选择创新或者模式更新，而是试图在越来越差的环境下挣扎，也就是一条路走到黑。

一位老板在酒后写了《原罪》这首诗歌：

长夜未睡，

我真的好累。

马上将去抵押最后一套房产，

发薪、还贷，还是先去交税？

我知道欠债要还，

我知道签约无悔，

啊，几十年蹉跎徘徊，

这次我真的没醉。

那一次次长跪之后的长醉，

那一次次长醉之后的长跪。

多少次啊，多少回，

我跪得让亲人和员工们心碎。

他们哀求我，

不要为了企业生存再受此罪……

我总是和他们讲：这肯定是最后一次了，

但到时我还得去跪。

我活得窝囊，

但我从不后悔；

我活得下贱，

但我真的无罪。

面对欺辱，我总是逆来顺受，

因为我真的不知道该去恨谁。

跪天、跪地、跪父母，

我跪得无怨无悔。

没有贪婪的敲诈，

我为什么要去下跪。

长夜未睡，

我真的好累。

那长跪之后的长醉，

那长醉之后的长跪。

不知道如此的磨难，

我还能再撑几回？

我知道男儿膝下有黄金，

但今天我还得去跪……

我真想割开自己的动脉，
用鲜血洗净身上无端的是非。
我愿用全部财富，
换回我应有的人间尊卑。
多么希望我屈辱的创业，
能有一次任性的发挥。
哪怕苍天发怒，
将我这黑心的老板挫骨扬灰。

但这一定是空泛的梦，
因为我知道企业家的肩上，
承载着家庭、员工与整个社会。
向后一步，踏伤的将是亲人和百姓，
我们就是当代的万里长城啊，
决不能后退！

目前，某些企业倒闭已经不仅仅是赚钱或者亏钱的问题，而是意味着自己失去了存在的价值，一些企业老板甚至连原始积累都要搭进去。

传统的私营企业大多依附于时代大势生存，他们往往粗糙、善变、不讲原则。一旦经济大势散去，这种传统落后的私营企业就失去了生存空间。

从外在来看，这些人主动建立企业，具有极强的进取精神，持续进行竞争和冒险；而从内在来看，这些人更注重安全，更强调防范风险，并且采取强有力的风险防范措施。

可以说，中国一些民营企业老板的起家和发展，与西方企业老板完全不同。中国一些民营企业老板因为环境不同，往往是被迫下海，莫名其妙地成立了自己的企业。从最初起家的方式来划分，中国企业老板主要分为三大类。

第一类，这些企业老板无法进入国企等体制经济，因此通过做小生意谋生。结果没想到，生意越做越大，最后成为私营企业。这些企业很多都是服务业企业，包括餐饮、娱乐等企业。

第二类，有的企业老板看到中国开设“血汗工厂”、做出口产品能够赚钱，因此也跟着做起了“血汗工厂”。从国际市场的角度看，这些“血汗工厂”的实质是“国际民工”，而这些老板只是包工头。在21世纪的前10年，这些出口加工的“血汗工厂”迅速发展，产品卖到全世界，成为私营经济的“主干部分”。

第三类，一些企业在进行仿造和假冒伪劣产品生产，也被称为“山寨”。“山寨”产品主要基于两点：一是利用中国廉价用工成本；二是利用中国缺乏某些知识产权保护和消费者保护，从而给这些老板以生存空间。

当然，在这些私营经济的基础上，一些企业老板也开始引进西方的概念和管理模式，但中国只有极少数企业家试图通过研发、创新获得发展。因为缺乏知识产权保护，即使有些企业花钱研发，其结果也是被人偷盗或者模仿。这些企业在研发资金打了水漂之后，导致企业负债累累，很快倒闭。

当这类企业缺乏以创新和研发为导向的大环境时，就更不愿意开拓进取了，从而因为缺乏创新而导致竞争力不足、后续乏力。

此外，企业发展还缺衣少食，这主要包括如下几个方面。

一是在金融方面，银行对企业的贷款条件极为苛刻，随时卡紧对企业的贷款。2008 年年底，我国货币总量 M2 的余额是 47.5 万亿元，到 2013 年 11 月底 M2 余额将近 108 万亿元，即印钞额度超过 60 万亿元，企业资金的实际价值贬值到原值的 40%左右。2016 年 M2 余额为 155 万亿元。印钞的另外一个结果是，人们的生活费用增加，超过 1 倍以上，意味着企业用工的成本上涨超过一倍。

另外，2009 年美元对人民币的汇率为 1 ∶ 6.84，到 2013 年年底，人民币升值到 6.05，升值比例达到 13%，也就意味着进行出口加工的企业收入减少了 13%。印钞和人民币升值的意思是，企业中与人民币挂钩的日常运营成本增加超过 120%，生产出同样的产品，结果总收入减少 13%（超过绝大多数出口的利润率）。

二是在税收方面，一些传统企业没有国企和外企的优惠政策，而且还必须承受各种税外费。当然，近年来国家给予很多创新、创业型企业和小微企业很多照顾政策，比如免租、免税等，尤其是“大众创业、万众创新”的口号，让很多年轻人去奋进，这是非常好的局面，但是这些企业并不是传统企业。我们讨论的是传统企业，即 20 世纪 80 年代以来出现的那批私营企业。

三是在土地等费用方面，由于国企和外企都能以优惠的方式获得地方提供的大量土地，而民营企业则很难拿到优惠土地，必须花高价购买土地。民营企业看到房地产的繁荣，也会拼命去赚钱，从而通过“偷工减料”来降低成本，减缓体制压榨带来的高昂成本负担，然后奋不顾身地投入到房地产行业。这导致产业结构紊乱，于是曾经有段时间，很多企业做大之后就变成了房地产企业，包括做服装的、做能源的，等等，这导致制造业开始空心化。

随着中国的“人口红利”即将消失，企业的用工成本持续增加，在 4 年左右的时间里增加了将近 1 倍。用工成本增加与人民币升值叠加，造成出口产品价格大幅上涨，从而进一步导致世界在中国的采购减少，转而到其他国家进行采购。

再加上整体经济下滑，对中国产品的需求将持续减少。而部分私营企业由于缺少前瞻性，毫不理会经济大势，因此对于国际需求的减少感到措手不及。这些出口企业此时为了压低出口产品的成本，开始进一步降低出口产品的质量，导致出口商品的质量下降，从而进一步削弱我国产品的国际竞争力，这就是一个恶性循环。

企业的发展问题可以最终归结为“现金断流”。

在中国，大量企业老板响应国家政策导向，开始大规模投资。企业在借钱后，开始扩大生产；有的则进行多元化扩张，有的则将借来的钱投入房地产，准备坐享房价升值所带来的利益。

近几年来，那些粗放型企业开始感觉到越来越大的压力，经营越来越艰难，不少企业已经难以维持下去；附着债务的不断累计，绝大多数企业已经在勉强支撑，只是希望奇迹出现，让自己的生意能够有转机。之后，企业在巨额债务的压力下，几乎整体面临绝境。于是，此类企业因为资金链断裂导致的“集群效应”范围越来越大：一方面有的企业从其他企业进行大量借款后，或者因为无法偿还而破产，或者直接跑路，导致相关企业也被拖入泥潭；另一方面是关联担保贷款，以福建钢贸圈和温州企业圈为代表，一个或者几个企业因为无法归还银行贷款而拖垮其他关联企业，进而拖垮更多的上下游企业。

更重要的是，这类企业在支持不住的时候，不是自己关门倒闭，而是先加大赊货采购的力度，也就是借入更多的钱。等到再也借不到钱的时候，这些企业直接关门跑路，将损失留给相对诚信、风险防范意识不够高的企业。

一些企业因为上下游企业的跑路，导致自身也陷入困境。而实在撑不下去的企业，也找不到下家来接手，只能将自己的机器设备、办公家具等进行贱卖。由于在整个市场中，贱卖设备的人数过多，同时很少有人扩大生产，因此设备几乎是以废品价格出售。

2．寒流不断来袭

在过去十几年中，中国制造以“Made in China”的标志走到了世界的前沿，而近几年，却是寒流不断来袭。

2016 年以来，房价疯狂上涨，煤炭、钢铁、造纸业一路狂飙。在一片“涨、涨、涨”的狂潮之下，运营成本节节攀升，企业税负越来越重。自改革开放 30 多年来，中国的制造业遇到了前所未有的困境，看不到任何希望的现状也令一些中小制造业的老板们感受到前所未有的绝望，实业从业者下一个发财机会究竟在哪里?

生意难做，到了年关最后两个月是传统旺季，本以为可以赚点钱，谁知道原材料价格疯涨，各种辅料也比拼着涨价，运输成本上涨，人工工资也要涨，连微信、支付宝也要收手续费了，深感压力……但眼看出口和内需毫无起色，品牌商为打价格战拼命挤压上游供货商，这可是拼命的节奏。

2016 年 9 月，负增长长达四年半之久的 PPI 终于逆转，这标志着中国工业领域全面涨价正式开启。事实上，从 2016 年年初开始，煤炭、铁矿石、造纸业等大宗原材料价格就开始上涨，数月后扩散到整个工业领域。

1）受去产能和其他因素影响，煤炭、钢铁狂飙

受工业去产能和楼市去库存等因素的影响，国内焦煤和动力煤分别较 2015 年年底飙涨超 150%和 100%。截至 2016 年 10 月 21 日，钢材综合价格指数为 79.00 点，同比上涨 19.17 点，比年初增长 22.63 点。高线、三级螺纹钢、热轧卷板等重点钢材品种价格同比上涨 27.4%、27.9%、44.9%。

2）化工原料疯涨，将影响下游行业

近半年来，上游化工原料开始猛涨。TDI 从 2016 年年初的 10 000 元/吨狂涨到 50 000/吨；国产金红石型钛白粉由 2016 年年初的 9 300 元/吨涨到 14 000 元/吨，业内人士还坚定地认为其会继续上涨；新戊二醇已由 6 000 元/吨涨到了 13 800 元/吨。与 2016 年年初相比，市场售价涨幅超过 50% 的品种相当多，很多品种涨幅高达一倍甚至超过一倍，如顺丁橡胶、丙酮、丙烯、丁二烯、顺丁橡胶等。

3）造纸业：产能集中、污染治理和纸业抱团导致价格飞涨

从 2014 年年底开始，原纸价格开始绝地大反弹。此后，涨价风越刮越猛，2015 年年初牛卡三连涨，2016 年出现白卡六连涨，各种涨价函如雪片一般飞向下游包装印刷行业。特别是自 2016 年以来，包装原纸每个月都会上涨，每次涨价幅度甚至高达 300 元/吨，连市场非常低迷的文化纸也开始大涨。

4）家具行业：海绵、木材和运输成本大幅拉涨

TDI 从 2016 年年初的每吨 10 000 多元，已涨到每吨 50 000 元的水平；软泡聚醚 2016 年年初市场均价在 8 300 元/吨，而到了 10 月份市场大幅拉涨至 14 300 元/吨左右，累计涨幅达 72%左右。受原材料价格大幅拉涨的影响，海绵价格已涨了接近一倍。因海绵持续涨价潮连锁反应，再加上木材以及物流运输新政的影响，家具行业也开始上调价格。

5）运费上涨，各行各业受影响

2016 年 9 月 21 日，国家发布“最严治超令”，运费大幅上涨。部分地区的物流价格由 6 元/件货涨到了 10 元/件，建材每吨运输成本上涨 100 元，饲料运输成本上涨 35%以上，化工原料涨幅惊人，煤炭每吨上涨达 10 元。

6）原材料疯涨之后，中间行业开始报复性上涨

在硬生生消化掉前几轮原纸疯狂上涨的压力后，包装印刷行业再也坚持不住，开始出现报复性上涨，首批 10% 的涨幅已经全面铺开，后续上涨压力仍然十分巨大。此外，玻璃价格上涨 15%、电路板提价 10%、元器件涨价 5%，工业制成品各个环节都在酝酿涨价。

近几年来，广东东莞、深圳等地的一些加工制造工厂订单流失，不得不关停或将生产线向东南亚、非洲等地转移。

某 IT 企业主曾军在深圳的工厂前不久也关闭了。

几个月来，曾军把自己名下的房子、车子变卖维持运转。但他发现，卖再多的房子和车子也解决不了问题。最终，曾军选择彻底告别手机制造业。

“我的遭遇和高民一样。”曾军说，“兆信通讯”董事长高民留下遗书自杀，引起社会轰动。高民的几位供货商拖欠上千万元货款，成为压倒他的最后一根稻草。

那时候，在东莞购买几台模具机就能开工厂。当时还是打工仔的曾军抓住机遇，在东莞开了第一家手机屏幕组装厂。

经过数年的发展，曾军的工厂年产值达 2 亿多元，用工最大规模有上千人。之后，他在深圳又开了一家同样的工厂，主要生产手机屏幕和屏幕光源。两个工厂为他实现了财务自由。但自 2012 年开始，手机制造业开始走下坡路，手机配件制造业的竞争也越来越白热化。

与曾军类似的案例近一两年不断上演。东莞当地流传的说法是，近一年以来，至少有 4 000 家企业关门。而以电子行业为首的生产制造业企业成批量倒闭，媒体称之为东莞第二轮“倒闭潮”。

与曾军工厂类似的企业——深圳福昌科技公司宣告：因资金链断裂，决定停产，放弃经营。

福昌科技公司的倒闭有其自身的原因：福昌主要为三星、华为、中兴等手机企业生产手机塑料外壳，这属于一个低端产业。一旦有厂家拿更低的价格与其竞争，福昌科技公司就会接不到订单。没有订单，还要给员工发工资，势必会拖垮企业。

不久前，东莞京驰塑胶科技有限公司也宣布破产。

成立仅仅四年的京驰公司也是一家生产手机外壳的企业。京驰公司倒闭前也有很多供应商来讨债，工厂的生产质量跟不上，残次品率超过 20%，大批产品被退回来，老板结不到钱，自然也无法给供应商付款，最终导致企业倒闭。

大批制造业工厂倒闭的现象频频发生。诺基亚关闭了北京和东莞工厂，东莞和苏州两地数家万人制造企业破产倒闭，温州的传统制造业每天都有企业在消亡……这集中爆发的制造业倒闭潮，与企业支付供货商货款及员工工资的高峰期不无关系。

“我们工厂有 4 条生产线，下半年开始便停了 3 条，只留了 1 条。”一位温州鞋企老板说，在工厂周围的同行也已经陆续停工了。他预计，还会有很多企业不能开工，甚至倒闭。

“大型企业倒闭牵连更广，一家企业的倒闭牵动着上下游更多企业。”这位鞋企老板表示，制造业已经迎来了真正的“寒冬”，随着时间的推移，也许有更多的中小企业将在“寒冬”中凋零湮灭。

“尤其是年头节尾，是企业支付供货商货款及员工工资的高峰期。”广东顺德一家电器企业老板说，这时候倒闭的企业数量可能会更多。随着债务的不断上升，债务成为他们首要面临的问题，如果企业盈利并不理想，将很难甩掉债务的包袱。

知名钟表企业的在华生产基地——西铁城精密（广州）有限公司清算解散，并和全体员工解除劳动合同。此前就有消息称，微软计划关停诺基亚的东莞工厂，该工厂正加快速度将生产设备运往越南工厂。同时，位于北京的微软诺基亚工厂也将同步关停。

而在两个月前，先是知名手机零部件代工厂苏州联建科技公司宣布倒闭，随后其兄弟公司——位于东莞的万事达公司和联胜公司也相继倒闭。

继联建科技公司、万事达公司、联胜公司之后，手机零件制造商东莞市奥思睿德世浦电子科技有限公司老板欠债 1.35 亿元跑路，400 名员工失业。同时，还有东莞手机制造企业兆信通讯公司因资金链断裂倒闭，1 000 多名员工失业，董事长高民自杀。

以上那些倒闭的企业规模都不小，例如联建科技公司曾是苹果手机屏幕供应商，辉煌时有 2 万多名员工，至倒闭前还有 3 000 多名员工；万事达公司和联胜公司两家工厂倒闭时共拥有员工 7 000 人。大型企业尚且如此，小型企业的生存更加艰难。在广东和江浙一带，小型制造企业倒闭的情景更是每天都在上演。

乐视的债务危机早有传闻，近年来又走到了风口浪尖上，资金链断裂后贾氏夫妇资产被冻结，现在乐视的境遇更是雪上加霜。2017 年 7 月份，乐视大厦遭到债权人的围堵。十几名前来讨债的供应商躺在乐视紫灰色的瑜伽垫上，有的跷着二郎腿玩手机，有的已经睡着了，有的在急躁地打电话。而危机中的乐视，除了躁动的债权人，乐视大厦的前台人员站在柜台里面，却显得无奈多多。整个一层大厅充斥着“贾跃亭还钱”的喇叭声。

而处在风口浪尖上的贾跃亭在微信公众号上发表文章，对所有债权人表示歉意，并声称一定会负责到底，把所有金融机构和供应商的欠款全部还上。

自银行申请冻结乐视财产风波开始，乐视资金危机的困难程度超过大众的想象，按照贾跃亭的说法，甚至也超过他本人的想象。随之引发了债权人的恐慌。上门示威的供应商是此次“讨债战役”里最外显、最脆弱，同时也是数额相对小的那一批债权人，只占乐视债务很小的一部分。在发出热闹声讨声的他们旁边，还站着几个隐形的高大身影：银行、信托、债券持有者。从某种程度上可以说，他们都被乐视的债务绑在一根绳上：乐视的一举一动决定着小债主的生死，大债主的一举一动又决定着乐视的生死。

2017 年 5 月，中国制造业采购经理指数 PMI 为 51.2%，比 2016 年 11 月下降 0.6 个百分点，显示制造业已进入衰退期。同期，我国进出口总值为 2.09 万亿元，比 2016 年同期下降 10.8%。其中，出口为 1.23 万亿元，下降 3.2%。

3. 非理性投资导致负债

中国学者李扬近几年的研究重点关注的是那些非金融企业的杠杆率问题：此类非金融企业的杠杆率一直稳定在 100%以内，危机之后加杠杆的趋势明显，负债占 GDP 的比重从 195%上升至

317%，杠杆率从 98%提升到 149.1%。在李扬看来，“日本的杠杆率问题主要是政府，美国的杠杆率问题主要是居民，而中国的杠杆率问题则集中在民营企业上。”

有专家分析，目前虽然民间借贷乱象重重，但只有少部分是借贷骗局，大部分借贷仍是基于企业资金需求的，尤其是房地产企业资金需求。但 2015 年，一些二三线城市房地产市场低迷，资金回笼慢，导致这些在民间借贷市场融资的房地产企业资金链断裂，也由此引发多地民间借贷“崩盘”的现象。

2016 年湖南娄底十多家实体企业借贷数十亿元，最终被高额的利息压垮，出现兑付危机。一些实体企业因经营不善，走进借新债还旧债的死循环，最终遭挤兑风潮倒闭关门。

山西吕梁联盛集团曾经盛极一时，老板邢利斌花费 7 000 万元巨款嫁女，但 2014 年年初，曾经富甲一方的刑利斌被警方带走，联盛集团启动破产程序。其破产的重要原因是企业债务危机。

在经济和市场飞速发展的同时，越来越多的企业追求放大性经营模式，试图通过放大性经营减轻企业经营风险，使企业走上健康发展的道路。放大性经营在我国企业中已占据主导地位。

毋庸置疑，放大性经营造就了一批成功的企业，但同时也让一些企业因放大性经营而走向衰亡。某企业集团为了扩大经营规模和实行多元化经营，大量铺摊设点，收购兼并，什么赚钱干什么，结果造成企业亏损严重，负债累累。事实上，放大性经营失败源于未对放大性经营所带来的经营风险做出科学预测，同时亦未合理搭配公司经营风险与财务风险。多数实践表明，放大性经营不仅不能降低公司经营风险，反而会进一步加大企业经营风险，而在经营风险加大的同时，企业又未能很好地权衡经营风险与财务风险的关系，继而导致公司企业负债结构的不合理、融资速度与方式不能与放大性经营方式得到更好的结合，放大性经营失败。

以东北某煤矿业控股集团有限责任公司（以下简称“该煤矿业”）为例。

作为东北地区最大的煤炭企业，该煤矿业在经历了煤炭行业“寒流”后，元气大伤，利润总额亏损 8.33 亿元，负债更是高达 422.76 亿元。

而 2016 年上半年亏损面进一步扩大。在该省国资委的一次内部会上，该煤矿业透露上半年亏损已达 17 亿元，居业内之首。而此前披露的第一季度亏损额为 5.13 亿元，这意味着第二季度亏损额达到近 12 亿元。

大潮退去，才知道谁在裸泳。“该煤矿业是一家老国企，历史遗留问题较多，煤炭十年黄金期的时候就没有发展起来，现在煤业危机下，软肋就更暴露了。其负债率达到 80%，连银行贷款都有困难。再加上今年巨额的上市费用打了水漂，2017 年就更加困难了。”一位接近该煤矿业的人士说。

另据几位该煤矿业内部员工透露，目前存在延发工资现象，“3 月份工资压了两个月才发”。关于人员及工资结构调整的问题，该煤矿业宣传部的有关人员称，现在一切的采访活动经国资委批准后才能回复。

该煤矿业还背负着沉重的债务及人员的包袱，急于甩掉包袱进程缓慢。

该煤矿业经营黑龙江省4个煤城的41个国有重点煤矿，拥有生产矿井33对，核定生产能力为4 909万吨。“不到5 000万吨产能的煤企要养20万左右的人，可想而知这包袱有多重。”接近该煤矿业的人士说。

该煤矿业官网的简介显示，该煤矿业控股集团现有员工26.6万人。实际上，截至2016年3月末，这一人数下降为23.34万人，离退休职工为18.25万人。为应对煤业危机，该煤矿业还减员1.2万人。根据推算，这一措施可使人员成本减少5亿元。

“该煤矿业在职及离退休员工负担较重，增加了生产成本和管理费用，对盈利能力也造成了一定的负面影响。煤炭开采成本之所以高，是因为其中很大一部分是人力成本。吨煤成本中职工薪酬占45.85%，几乎占一半。”张强表示。主要受职工薪酬上升影响，原煤炭单位完全成本上升至475.39元/吨。这其中的背景是，该煤矿业在经营效益较好时，为了调动员工积极性，进行了奖励性的薪酬政策。该政策全面启动，造成吨煤成本中职工薪酬占比上升。

据该煤矿业内部数据显示，年人均收入为3.92万元。按此计算，该煤矿业每个月至少支付8亿元以上用于职工开支。高额的职工开支是压在该煤矿业上的另一根稻草。从4年前开始，该煤矿业就开始着手减员降薪计划。“工资都缩水了，奖金没有以前多。很多部门一直在压资，有一次工资拖了两个月才发。”几位该煤矿业员工抱怨。

值得注意的是，在煤炭行业高歌猛进的黄金时期过后，各地煤炭企业都经历了产能的急剧扩张，而该煤矿业却出现了产能萎缩的情况。

之前，该煤矿业的煤炭产能仅有 4 909 万吨，这个数字仅仅相当于前几年煤炭产能的九成左右。该煤矿业的煤炭产量不增反降，从 5 327 万吨缩减到 4 658 万吨。该煤矿业召开煤炭产运需衔接会，而彼时的该煤矿业只是增加了煤炭产品的下海市场。这基本上还是固守于自己传统的业务范围之内。“成立 8 年多没有投产 1 个新矿，煤炭产量还是 8 年前的水平，错失了发展良机，现在后劲又不足。”另一位业内人士说。

面临多重困局，该煤矿业在 2016 年 5 月提出“放大性经营”的措施，即开始涉足房地产行业。“该煤矿业的这一错误决定，不仅没有摆脱高额的债务，反而让不堪负债的企业越来越承担更多的债务。像这种要旅游条件没有旅游条件，要气候环境没有气候环境有房子，谁会购买呢？所以，该煤矿业尽管建了很多房子，但却销售不出去，从而导致积压的资金也无法周转。”

此外，该煤矿业的“三大工程”依旧在推进。这三大工程为瓦斯治理工程、开拓补欠工程、安全高效矿井建设。至今，该煤矿业已累计投资 48.2 亿元，该煤矿业表示将继续推进“三大工程”建设，投入不会减少。或许，这种放大性经营会让该煤矿业走向破产的边缘。

资金链断裂导致的“集群效应”范围越来越大：一方面，有的企业从其他企业大量借款后，或者无法偿还而破产，或者直接跑路，相关企业也被拖入“泥潭”；另一方面，“关联担保”贷款所引发的连带效应。以福建钢贸圈和温州企业圈为代表，一个或者几个企业因为无法归还银行贷款直接拖垮其他关联企业，进而拖垮更多的上下游企业。

面对经营困局和高额债务的双重夹击，那些无法支撑却又难以找到下家的企业只能贱卖自己的机器设备、办公家具等，有时价格甚至低廉到接近“废品”。因而，从某种程度而言，倒闭潮就是跑路潮，这种状况是人们极其不情愿看到的，但却又不可避免。更可怕的是私企倒闭潮所引发的“连锁反应”——经济贡献的停止及大批的失业潮。

有资料显示，2011 年 8 月我国亏损企业家数为 4.1 万家，到 2012 年 8 月突然上升为 5.3 万家，这已经算是触目惊心的亏损蔓延了。也就是从 2012 年开始，我国经济开始步入下行轨道。2013 年亏损企业家数维持在 5.4 万家，看起来这两年的日子还能勉强熬得过去。但到了 2015 年就真的熬不下去了，亏损企业家数增加到 5.9 万家。

同时，由于炒房者基本将现金投入到房地产、理财产品和高利贷等领域，手上的资金已经极为有限，这些领域出现的大规模违约，让很多人血本无归。

与国际比较，2012 年我国非金融企业部门债务率水平（相当于 GDP 的 122%～127%）在经合组织的 34 个国家中居于最高水平区间。成熟的经济体企业债务一般会达到 GDP 的 50%～70%，而我国是这个数字的 2 倍。但我国的工业企业盈利能力（利润销售收入）只有 5%～6%，仅为全球平均利润水平的一半。这意味着我国企业的债务负担是全球平均水平的 3～4 倍。

2012 年年末的统计显示，上市公司加权投资回报率已经连续 4 个季度低于贷款利率——这意味着一些企业扩张往往意味着亏损。数据显示，沪深两市 2 429 家公司中，截至第三季度 ROE 低于一年期贷款利率的公司达到 1 044 家，低于一年期存款利率的公司竟然达 640 家，占比分别近 43%和 25%。而去杠杆的路径将是释放股权，这会进一步导致投资者信心不足。

和上市公司相比，部分中小企业更是举步维艰。通过对大型和小型企业的总债务和 EBITDA 增长的比较，发现大部分的债务增长主要来自大公司，大公司对小公司呈现“挤出”效应。根据高盛集团的统计，按照公司的总资产规模，以 20% 为区间度，将所有公司分为五份。我们发现，最大型公司的总债务增长幅度最大，从 2008 年 1 月到 2012 年 6 月债务总额增加了 319%，而实际上五分之一最小型公司的总债务水平较上期下降 9%。同时，大型公司的 EBITDA 增长得最慢，增幅较上期只有 179%，低于其他规模的公司（最小型公司的 EBITDA 增长达 300%）。

对于一个国家经济体来说，企业，特别是制造业，是财富创造的主要来源，就像一棵大树，它是这棵树的树根。如果企业陷入了沉重的债务危机，丧失了盈利能力，则如同这树根的根系无法吸收水分和养分。那么，树枝和树叶——政府财政收入和银行盈利随后必然会枯萎、凋零。

彭博社统计数据显示，2016 年下半年，我国非金融类公司必须偿还创纪录的 2.2 万亿元人民币（3 410 亿美元）债券，高于上半年的 2 万亿元人民币。在彭博社的相关报道中还提到，我国垃圾债遭遇 2014 年年底以来“最惨重”的抛售，总值 3 万亿美元、曾一度欣欣向荣的企业债券市场开始崩解。仅 2016 年 4 月以来，我国本地发行商取消涉及金额 606 亿元的债券发行计划。尽管我国债券收益率仍低于历史平均水平，但借贷成本持续走高势必将对愈发依赖廉价贷款的经济产生冲击。我国一些上市企业偿还债务能力降至 1992 年以来最低水平，沪市上市企业盈利预期调降幅达全球金融危机以来最高水平。

一旦消费比盈利多，每天带来的新债务比真正产生的财富要多，依靠新债还旧债的做法就必然会遭遇破灭的一天，经济下行、一些企业难以为继，产业失去支撑。而当实体经济利润无法支撑资金成本时，环环相扣的民间借贷链条中，只要有一人“跑路”，链条即告断裂，已成空中楼阁的民间借贷圈轰然倒塌，这些企业必然会走向破产，因为企业老板借了自己根本还不上的债。

4.“行为经济”是负债的罪魁祸首

近几年来，一些企业倒闭的坏消息不时传出，各种报道分析更是纷至沓来，有人说金融危机是罪魁祸首，有人说倒闭的企业本来就很“烂”。究竟是什么原因导致这些企业迅速死亡？

相关机构在调查中发现，身处危机最前沿的很多企业对于“大规模的倒闭潮即将来临”一说并不以为然。因为在他们眼中，如果企业经营不踏实、管理不严谨，倒闭将是一种必然，债务危机只是加速了这些企业的死亡速度而已。

有些企业家往往因为“行为经济”，致使企业产生大量负债。因为他们在某一领域创业成功后而犯“大企业病”，进行多元化、追求规模。企业快速发展后，多元化有可能提供新的利润增长点。此外，企业长期所在的行业可能会经历产品生命周期的成熟或下降期，影响企业的增长速度。适当扩展业务领域，有助于企业把握新的市场机会和快速增长的机遇，增加企业抵抗风险的能力，有助于企业通过协同效应降低运营成本，也可以提高企业的实力，使企业积累更多的管理运作知识，为其今后发展打下坚实基础。

然而，“行为经济”导致企业家过分追求企业规模、盲目多元化的弊端也显而易见。中国台湾经营之神王永庆认为：“企业规模越大，管理越困难，如果没有严密的组织和分层负责的管理制度作为规范一切人、事、财、物运用的准绳，并据此彻底执行，其前途是非常危险的。”“行为经济”是企业持续发展的绊脚石，会带来一系列不好的影响，包括弱化核心竞争力及资金链紧缺等致命问题。过度多元化导致企业失败的主要原因是没有明确发展战略以及核心竞争力，没有处理好业务间的关系，没有发展相应的管理和运营能力。有着“缝纫机大王”美誉的浙江台州的飞跃集团即是如此。

首先会导致管理风险增大。虽然多元化战略看起来像把鸡蛋放在不同的篮子里，可以分散风险，但同时也加宽了管理幅度、加大了管理难度，使得公司管理层对每项业务投入的精力非常有限，在一些战略方向的重大问题上，很难有充分的时间和精力进行合理决策。例如，飞跃集团由于领导层事务过多，沟通不善，使得缝纫机没确认订单就出口，最后因海外库存费用过高、不划算，导致所有货品没到岸就被扔下海。

其次，过度追求企业规模，还会使企业有限资源分散，导致企业资金、人力资源的紧缺，会因资源供给的严重不足而导致企业陷入困境。飞跃集团试图通过多种经营做大规模，结果却疲于应付。某企业总裁就曾表示：“我就是太相信规模经济、园区建设、先进装备、新型工业化、国际化万岁。这些东西投入费用巨大，等你产出的时候，才会觉得费用这么大”。飞跃集团的扩张不是建立在生产和销售高速增长、资金充裕、公司盈利能力强等基础之上的，而是“行为经济”的产物——一味地依靠借贷方式，盲目追求全球化、多元化，最终造成濒临破产的悲剧。

再次，影响核心业务的发展，降低企业的核心竞争力。企业核心能力是企业的一项竞争优势资源和企业发展的长期支撑力。过于宽泛且关联性不强的多元化会分散企业的竞争优势。当企业从事多元化之后，不得不分散资源，这必然会使企业力不从心，也不利于企业集中力量发展原有的主打品牌，使保持品牌信誉的难度加大，对企业的长远发展不利。加之在各个业务领域内的竞争力降低，从而在整体上降低企业的竞争能力。飞跃因为集团过度贷款扩张，使资金链十分脆弱；加之各业务间没有互补关系，核心业务、非核心业务定位不清晰，最终使得飞跃集团资金链断裂，且不具备实施多元化战略的管理能力，使得企业领导层的管理运营能力无法及时到位，影响了核心业务的发展。

同时，在浙江，因大宗原材料价格暴跌面临危机，甚至可能出现“窒息性死亡”的企业并非个案，金田铜业面临的问题就与此类似。按照经营规模，随着国际铜价的暴跌，仅库存一项，金田铜业的损失就预计超过 12 亿元，而且铜价的暴跌使客户出现极高的违约率。接着，银行会要求企业提前还贷，或者到期还款后，不再续贷。如此一来，原本就资金紧张的企业，很容易出现资金链断裂。

遭遇资金链断裂的不仅金田铜业一家，在顺德的香港佑威制衣有限公司的工厂情况与此类似。该厂的突然倒闭主要与扩张太快、债务太多有关。自 2016 年到 2017 年 4 月，该公司在中国香港的零售店网络已从 64 家增加至 95 家。同时，佑威制衣有限公司在内地也投资了不少项目，最终由于短债长投造成武汉生产基地资金链的断裂，从而爆发全面危机。

这些大型企业的突然倒闭已经开始发酵，整个市场为此忧心忡忡，担心引起连锁反应，形成大企业的倒闭潮，但是一些企业人士对此却不以为然。

一家知名照明电器公司老板表示，这些公司的倒闭也无一例外都与过度借贷、盲目扩张和投资有关。他们总幻想着几年的时间就可以追赶上世界水平，但是如 GE 那样的公司不是几年时间就可以成就的。盲目扩张、高负债经营必然的结果是，当行业不景气的时候就会陷入困境，甚至倒闭。

他以玩笑的口吻说，“经济不景气现在成了很多公司乱投资、盲目扩张的替罪羊。到了年底，你们就会发现，很多上市公司的年度报告中会出现‘由于经济下行的影响，公司的某个投资项目未能达到预期投资收益；或者经营业绩不佳’等说辞。”在他看来，即使没有这次经济下行的影响，这些盲目扩张、乱投资的企业也迟早会出现因资金链断裂而猝死的结局。经济下行只是促使这个结局提前到来。

目前一些企业倒闭还有更深层次的原因：一是跟近三年来企业的快速扩张有很大关系，因为新一代的企业家比较看中通过快速扩张做大企业规模，而这种扩张往往超过企业的承受能力，高负债和多元化结构使企业抗风险能力极差；二是传统行业产能严重过剩，在外需下滑、内需增长缓慢的情况下，必然要关闭一大批生产线；三是银行抽资、企业不得不借助民间融资的行为严重影响企业经营，放大了目前的危机。

有的企业比较谨慎，宁愿慢慢发展也很少借债，因此不会出现因为暂时困难而被银行清盘的情况。

许多企业的倒闭具有特殊性，主要是因为企业扩张太快和内部管理存在问题。从整个制造行业来看，中国还是有不少很具有竞争力的企业的。

尽管认为企业大批倒闭太过悲观，但是，随着经济下行影响的日益显现，企业进入冬季已经在所难免。“行为经济”更是让企业的负债雪上加霜。

五、贪婪引发的债务危机

“打开门就是债”已成为很多人生活的基本写照。放眼四周，“房奴”、“车奴”、“卡奴”、“学奴”、“医奴”、“结婚奴”……许多人被财富和债务“奴役”着，然而却乐此不疲。

据统计数据显示，2017 年第一季度，我国家庭债务占 GDP 的比重为 38.3%，略高于新兴市场整体的 32.3%。

一个月工资只有两三千块钱，连房租都交不起的人，却愿意花几千块钱去买 iPone 7；某女子花钱上瘾，贷款买名牌包无力偿还坐牢；欠款千万：老赖巨额财产送女友买豪车、别墅……

很多人被财富和债务奴役，却乐此不疲，表面看上去风光无限，实际上挥霍出去的钱绝大部分来自借贷，且真实家底是无力偿还债务的。他们把希望寄托于未来收益，为了“做大”，不惜透支信用。却不知，透支未来必然会产生杠杆，而所有杠杆都有两面性，它能加速事业发展，同时也会增加违约风险。在市场中，绝大多数项目都存在比较严重的不可控风险，所以，正在疯狂透支未来以及习惯透支未来的人，有很多已经“死”得很惨。

2016 年，一名名叫小郑的在校大学生因欠债百万元无力偿还而在山东青岛跳楼自杀。

一个普通的学生是怎样背负上百万元的债务，又是什么逼得他走投无路，以死相赎呢?

原来，从 2014 年开始，小郑就开始办理各种信用卡，不少刷卡账单至今还没有还清，而小郑给同学们所打的欠条上也表明，从 2015 年开始，小郑就开始接触各种网络贷款，种类达到数十种。

而这，不过是众生百态中的一种而已。

青岛一个原本家境富裕的女子，为了发大财，炒股、炒黄金、炒白银，在一赔再赔、血本无归之后，一心想回本的她骗用亲友的身份证办理了近 40 张信用卡疯狂套现，还将自己的房子抵押贷款，最终败光了家产，还欠了银行 200 万元的债务。

河南一对在银行工作的小情侣赌博欠下数万元债务，用信用卡透支拆补。

在一篇名为《卡奴心声》的帖子里，对那些信用卡“卡奴”

作了较为翔实的描述：卡债越来越多地给借贷人造成了极大的困难和压迫，每天都在还卡债，每月赚的钱还不够还卡债的利息，致使负债越来越多、越滚越大；每天因卡债而负债沉重的人数成百上千增长，“卡债”已经成为一个不容忽视的重大社会问题。

以下这篇发表在天涯上的帖子，比较有代表性地说明了一些问题：

现在的我是一个不折不扣的卡奴和房奴，身上有各大行（除了建行）的信用卡 12 张（8 万元），还有一套经济适用房按揭贷款 16 万元，每月还 1 200 元，已经还了一年，还要还 19 年，同时还有外债近 10 万元。不加不知道，现在自己算算都吓一跳，将近 35 万元的负债啊。就算扣除贷款买房的正常开支外，属于非正常的负债也有近 20 万元。我也不知道是如何把一个雪球越滚越大的，真是可悲啊！所以，人真的要时常反思一下，不能稀里糊涂的过日子，因为“出来混迟早都要还的”，就算现在不去想、不去做，迟早有一天你都要为自己的行为付出代价，就像我一样。

在这个帖子里，发布人员自己进行了反思：反思自己走到今天这一步，最大的失败在于花钱大手大脚，没有理财的意识和能力，不是说你有钱了才需要理财，而是越没钱的人越需要理财，因为有钱人能承受的风险我们承受不了。其次就是想法太多，做了许多自己力所能及之外的事情，浪费了大量的时间、精力和金钱。越没钱的人越想赚钱，结果因经验及资金不足导致恶性循环，就像办信用卡一样，办了一张还想办第二张，结果越办越多。

很多人负债已然成为事实，而且局势仍在恶化。必须注意到，亚洲一些国家的家庭债务水平飙升，已经跃居全球家庭负债最重。

2008—2014 年，马来西亚和泰国的家庭债务与 GDP 之比几乎增加了一倍，达到将近 90% 的水平。泰国在购买汽车和住房上的税收优惠政策，以及马来西亚优惠的信贷条件和强劲的消费者需求，都加速了家庭债务的增长。

随着互联网金融的发展，京东白条、微粒贷、蚂蚁花呗等诸多互联网信贷平台风生水起，校园信用贷款也风靡一时，越来越低的借款条件和越来越高的贷款额度，甚至支持人们不需要任何抵押，动动手指就能借到钱，进一步引导着人们提前享受。然而，虽然花钱享受的时候并不心疼，但是还款的压力却客观存在。

第二章

债务崩塌：引发信用危机

债务人是无奈的受难者，每天忧愁如何还钱躲债，心乱如麻，魂不守舍，跑路、坐牢、打官司、跳楼；债权人天天琢磨怎样把钱收回来，用尽各种方式去讨债、催债，收不回债决不罢休。魔鬼之手剥夺了他们的财富、亲情、友情，甚至是生命。

债权人和债务人是债池里的修炼者，痛苦、寂寞、绝望……被纠结的烦恼不断地净化心灵，不断地撞击智慧的火花。债事就像一个菩萨，给人智慧，使人解脱债事之中自有菩提，能从债事中来，到债事中去，回归本真、参透人生，便是债事禅。

一、民企决不可让信用瓦解

对于任何一个想获得资本的人来说，资本意志的掌控可能是一场刀光剑影的战斗，也可能是一场毫无对抗能力的妥协。而关于信用与资本的较量，多元化的市场经济和人们日益膨胀的物质欲望相互碰撞，激励着人们继续以信用疯狂套现，全然不顾债台高筑背后的风险。

一回头，债务崩塌、信任瓦解的日子已然不远。

1．来自诚信危机的困扰

产品利润越来越薄、挤压却越来越严重；企业埋怨招不到人、人们埋怨找不到好工作；商品流通越来越迟缓，货币却在上空狂飙……

与其说我们遇到了几十年一遇的经济危机，还不如说我们遇到了千年难逢的人性危机——诚信危机。

1）一些人正在付出“诚信危机”的代价

中国，这个以火箭般的速度跃居于世界舞台之上的国家，这个地球上人群最集中、聚集的群体，这个一直强调要以“诚信”

为本的传统民族，其中一些人正在遭受空前的“诚信”问题的困扰。

一直以来，物流市场不同形式的恶性货运诈骗事件屡有发生，如一些专线托运部一夜之间“人间蒸发”，一些物流公司在经营活动中遇到“黑车”，还有货车驾驶员上当受骗等，种种骗局、陷阱让托运行业中各方都受到不同程度的“创伤”。这些事件让物流行业遭受了信任危机。

据了解，这些案件基本有一个共同特征：无论是不法中介还是骗货司机，他们在行骗前均已做好充分准备，从身份证、驾驶证、行车证、车牌、养路费证、保险卡到电话号码、车辆挂靠单位等，只要是被骗者可能查看的东西，犯罪分子都一概伪造好，且伪造技术普遍较高，被骗者凭一己之力难以识破。

由于作案分子多为外省市大范围跨区域行骗，一旦发生，侦查难度大、取证难。为了避免司机骗货事件的发生，许多物流企业采用以下两种方式确认司机身份：通过拨打司机提供的亲友电话来确认；通过查看司机提供的驾驶证、身份证等证件来确认。我们再以最早从事网络钻石销售的专业珠宝品牌“钻石小鸟”为例，其2010年的年销售额已经达到4亿元，并以年均3倍的速度成长，让钻石这一奢侈消费在线上销售成为可能。“钻石小鸟”目前传统的钻石销售模式仍是主流，网购钻石销售只占钻石饰品总销售量的一部分，但业内外人士普遍看好珠宝首饰的网络销售模式。

据国检中心对消费者的随访，目前困扰珠宝首饰的网络销售最大的问题仍然是诚信问题，网销珠宝品牌的发展、壮大离不开诚信，也离不开文化的诉求。网络销售珠宝品牌纷纷与珠宝类国家标准的制定机构国家珠宝玉石质量监督检验中心(NGTC)签署了战略合作协议，涵盖科研、检测、宣传等方面的内容，为消费者提供可靠的品质保障，增强了消费者的购买信心，这在一定程度上对网络钻石销售起到了积极的促进作用。

2）经济与诚信的“恩爱纠葛”

因为我们之前的经济发展方式太粗放了，甚至是以牺牲“诚信”为代价的，正是因为人与人之间不受契约精神的束缚，于是我们的经济像一匹脱缰的马，拼命狂奔，而一旦度过了兴奋期，就会迅速疲软。

先举一个例子，前段时间一家天猫水果店宣布倒闭了，事情是这样的：这家店看到农民的菠萝滞销，于是跟农民谈了一个价钱，然后在聚划算帮农民卖菠萝，结果 1 天就卖了 60 万斤。然而，当他们去农民那里收购菠萝时，很多农民看到菠萝供不应求，于是坐地起价，从原来的 2～3 毛，涨到 1.2～1.5 元，导致菠萝的成本高涨，甚至还有农民代办掺杂三分之一的熟果，导致发货和品控出现严重问题，这家水果店一下子损失了 50 万元，水果店宣布破产。

类似这样的事情还有很多。

柳传志说：在不守信用的人里面，有相当一部分是不用付出代价的。正是因为不诚信的成本太低了，才导致一些商家越过这条道德的红线。

于是一些人就失去了原则和底线，连基本信任都没有了，因为没有信任，一些老板不相信员工，员工也不愿付出；因为缺乏诚信，我们无法生产出世界名牌；因为只想赚快钱，某些产品永远只是山寨版的。

因此，我们目前最迫切的事情不是如何保持经济的增长率，而是如何构建社会的诚信体系，使人与人之间建立起基本的“信任”关系。信任是一个社会结构的基石，它是社会运作效率提高的根本保证。

马云也说过一句话：中国下一个红利是“信任”。一旦中国建立一个强大的信任体系，这就意味着社会有了一个公共、公平、合理的游戏规则，人人都在遵守这个规则的前提下去创新和竞争。一旦人人遵守规则、互相信任，那么道德自然就会兴起。

3）中国经济未来在互联网，构建信任体系

未来的社会以人为本，未来的商业也会以人为核心，人是基本组成单位，信任则是基本链接单位。有了信任这个链接，人与人、圈子与圈子、社群与社群就会形成聚合效应，从而重构社会的框架，而失去诚信的人则会被排挤出去。

对于商业来说，既然人是最重要的因素，那么它遵循的逻辑就是如何聚人。如何利用信任关系，将别人链接到自己的网状关系中来，或者把自己融入到其他的网状关系中去。

现在的生意难就难在引流贵、资金短缺，而信任可以解决这些问题。

未来的社会“人以群分”，我们如何才能迅速找到自己所属的那个群体呢？因为每个人依然只会相信自己眼睛看到的东西，所以我们必须把每个人背后的信息做到可视化，使一切都明朗。

以数据化 APP 为例，它可以通过个人实名认证、企业认证、基于 LBS 定位的二度人脉，来发现一个企业或者老板的信用值，然后再基于这个数据去融入一个圈子，进行社交。

这就可以使生意人、企业家用圈子的方式确定彼此身份，因此还具备社交的功能。未来人与人之间的关系是链接关系，未来商业的核心一定是人脉的聚合，刷脸还可以将引流进入的客户聚集在企业家公司的社群里，通过社群的直播、红包、优惠券等功能使客户群体聚变，从而使客户不断扩展，实现二度人脉裂变式的扩展，形成信任、人脉的闭环发展。这就使客户实现了裂变式增长。

这从根本上解决了人在商务中的信任和寻找客户群的难题。在资金方面，这也将使金融行为大众化，因为金融的本质就是信用，一旦人与人、人与群体建立了信任关系，那么金融的链接就会延伸到每个参与其中的人。

无论对于个人还是企业来说，未来最重要的东西都是“信用值”，它是你撬开财富的杠杆。

危机、危机，有“危”也有“机”。虽然现在市场处于寒冬阶段，但这恰恰也是我们重塑形象的最好阶段。解决了“信任”问题，就相当于形成了一个个客户、员工、老板的共同体，减少内部损耗，提升协作效率，从而使整个社会的运作效率大大提高。

2．部分企业信用的缺失

如果说“缺钱”始终是国家、企业和每个人心中的痛，那么“缺信用”则无疑是一种病。

可是，“信用”到底是什么？

《辞海》解释为：诚实、不欺，遵守诺言。

百度百科说，所谓信用，是指依附在人之间、单位之间和商品交易之间形成的一种相互信任的生产关系和社会关系。

在我国，崇尚信用的风尚有几千年的传统，《论语》中“信”字出现了 38 次，频次虽然低于“仁”（109 次）、“礼”（74 次），但是高于“善”（36 次）、“义”（24 次）、“敬”（21 次）等描述道德规范的多数词汇。这当中，经典的有“自古皆有死，民无信而不立”；“大德不官，大道不器，大信不约”；“与国人交，止于信”等。

从经济的角度来理解“信用”，它实际上是指“借”和“贷”的关系。信用实际上是指“在一段限定的时间内获得一笔钱的预期”。于是，《牛津法律大辞典》的解释是：“信用（Credit），指在得到或提供货物或服务后并不立即而是允诺在将来付给报酬的做法。”《货币银行学》对信用的解释更赤裸：“信用是以还本付息为条件的暂时让渡资本的使用权的借贷行为。”

在信用创造学派（货币金融学中有一个重要的流派，信用创造说的先驱者是 18 世纪的约翰·劳，主要代表人物是 19 世纪末的麦克鲁德和 20 世纪初的阿伯特·韩、约瑟夫·熊彼特等人）的眼中，信用就是货币，货币就是信用；信用创造资本；信用就是财富。

约翰·劳说："信用是必要的，也是有用的，信用量增加与货币量的增加有同样的效果，即它们同样能产生财富、兴盛商业。

麦克鲁德在他的《信用的理论》中指出："人们以生产物与劳务和人交换，而换得货币，此货币既不能用以果腹，也不能用以蔽体，然而人们却乐于用其生产物与劳务换取货币，这是为什么呢？就是因为换得货币以后，可在需要之时，凭以换取所需之物的缘故。所以，货币的本质不过是向他人要求生产物与劳务的权利或符号，从而实为一种信用。""因此，金银货币也可以正确地称之为金属信用。"麦克鲁德认为信用与货币两者的本质是一致的，信用的创造就是货币的增加，两者可以统一于"通货"的概念之下。

德国金融理论学者阿伯特·韩被公认为信用创造理论的代表人物，他于 1920 年发表了《银行信用之国民经济的理论》，影响很大。他是这样论述信用就是货币的："为了支付的目的，从一人转让给他人的支票或者存款划条，就法律的观点来看，自然只是兑取货币的凭证，但从经济的观点来看，只要它需要兑换成本位货币而完成了货币的功能，则它就不只是兑取货币的凭证，而实是货币本身。""向银行兑取货币的凭证，只要它确实可靠，为任何人所愿意接受，则它就被当作货币而流通了。"阿伯特·韩的理论重点在于阐明了信用能够形成资本。他认为信用越扩，利率越低，资本商品的生产就越多，从而资本也就越能形成；相反，信用越缩，利率越高，资本商品的生产即越少，从而资本即不易形成。他的著名命题就是："资本形成不是储蓄的结果，而是信用提供的结果。""假如说需求对生产是第一性的，那么信用提供对资本形成也是第一性的。若是没有信用提供，则任何资本商品都不能够生产，因而资本形成就不可能。信用供给之能引起资本形成，恰如需求之引起生产一样。"

约瑟夫·熊彼特则指出："更有用的方法可能是从信用交易着手，把资本主义金融看成一种清算制度，它抵消债权债务，将差额转移到下期——使得'货币'支付成为特殊情况，没有任何特殊的根本重要性。换言之，从实际上和分析上来讲，一种信用货币理论可能要优于一种货币信用理论。"

许多企业为发挥"信用"的价值，纷纷通过发行公司债、短期融资券、中期票据、次级债等各种信用债来融资。当经济欣欣向荣时，企业信用债成为投资者追捧的产品。当面对经济下行压力时，企业的市场需求不足，经营环境恶化，企业流动资金困难，若企业不能按时还债付息，不仅会让自己的"信用"破产，还可能会使企业破产倒闭。

2014 年 3 月"11 超日债"（ST 超日于 2012 年 3 月 7 日发行，至 2014 年 3 月 6 日期满两年）未足额兑付，中国债券市场的"神话"被打破。此前，自 2001 年至 2014 年 3 月，中国债券市场没有发生过发行主体实质性违约；即便偶尔出现信用事件，也都在刚兑的环境下化解，债券收益并不反映其风险，投资人总能稳得信用利差。

我国信用债市场的风险继续暴露和蔓延。2015 年 4 月，中国兵器装备集团公司下属天威集团发布公告称，未能支付发行额度为 15 亿元的 2011 年度第二期中期票据利息，成为首只违约的国企债券；当年 9 月，天威称集团及旗下三家子公司无力偿还到期债务，拟申请破产重整。这意味着央企不败金身告破。国资委随后摸底排查 106 家央企债券，三年来债券违约涉 84 亿元。

信用债违约也从私募债蔓延到公募债。2015 年 4 月，“ST 湘鄂债”构成实质性违约，成为内地公募债券首次本金违约。中科云网发布公告称，其虽然通过股东财务资助、资产处置等多种方式筹措资金 1.61 亿元，但仍有 2.41 亿元的资金未能到位，最终导致当天回售日到期的“ST 湘鄂债”出现违约。

2015 年 12 月 7 日，四川圣达集团有限公司（下称“四川圣达”）发布公告称，未能于 12 月 5 日足额支付“12 圣达债”2 175 万元的利息，亦未能在同一天兑付 3 亿元投资者决定提前回售的债券本金。近两年来，四川先后至少发生了怡和系、川威系、二重系、汇通系、华通系、汉龙系、科创系等企业几十亿元至数百亿元债务逾期，以及个别欠债企业老板“跑路”、企业瘫痪的极端事件。目前陷于债务困境的，既有民营企业，也有国资企业；既有中小企业，也有龙头骨干企业，形势颇为严峻。资料显示，“12 圣达债”发行于 2012 年 12 月 5 日，发行总额为 3 亿元，票面利率为 7.25%，期限为 6 年，附第三年末发行人上调票面利率选择权及投资者回售选择权。上述公告意味着该债券正式宣布违约。

甚至连城投债这种信用债市场少有的尚未出现违约的品种，也在 2015 年发生城投担保的债务出现违约的情况。2016 年 4 月份，北山投资、海南交投发布公告，宣布将通过地方政府债务置换提前兑付“14 宣化北山债”、“14 海南交投 MTN001”。有业内人士认为，提前偿还债务，只还票面利息，对于投资来说并不能如期拿到足够的回报，也是一种变相的违约。

央行在《中国金融稳定报告（2016）》中表示，债券市场信用风险状况主要有以下两个特点：一是债券违约事件有所增加。二是违约企业主要集中在产能过剩行业。2015年，发生违约的企业主要处于光伏、造船、风电、煤炭、有色金属等产能过剩的行业，约80%为民营企业，国有企业违约事件也开始显现。

2016年上半年，违约事件仍不绝于耳：

2016年年初的山水水泥夺权大战、上海云峰私募债实质性违约、渤海钢铁点心债暴跌……

紧接着，仿佛打开了潘多拉的魔盒，违约相继而来：2016年4月6日，“15华昱CP001”违约；4月11日，中铁物资相关债务融资工具暂停交易；5月4日，“11蒙奈伦”债违约；5月16日，“15春和CP001”违约；6月15日，“15川煤炭CP001”违约，期间信用利差跳增最高达20～120BP，“过剩产能行业”一时之间成了人人谈虎色变的名词。

国金证券将信用债面临的主要风险称为“三座大山”：其一是利率风险，其二是流动性风险，其三是信用风险。信用违约事件接连发生，且滑向常态化。据不完全统计，仅2016年前两个月，个券违约事件已接近2014年全年债券违约数量。据海通债券总结，自2014年3月，主要债券品种已有25只债券实质性违约，涉及16个发行人，其中2016年以来已有11只债券违约。从违约后处置情况来看，25只违约债券中仅有8只完成了兑付，其余17只至今仍悬而未决。违约后完成兑付的绝大多数是民企发行人，通过资产重组、争取银行流动性支持等途径兑付了债券。而违约的地方国企、央企等大多已经连年亏损，积重难返。

我们的债市发展 30 多年，直到 2014 年才出现公募债券首单违约，而 2015 年出现首单国企违约，在经济下行周期，债券市场出现违约成为新常态。在一个习惯不违约的市场，一旦违约骤然增加，对于市场趋势的逆转将会非常致命。如果违约只是局部而零星地出现，这并非不可接受；但当违约变成恐慌情绪蔓延市场时，局部违约很可能导致更大的担忧。

3. 被失信压死部分民企的最后一根稻草

2016 年对于部分民营企业而言，无疑是初冬伊始，小雪始降，冬至正行，霜寒殿后，隆冬将至。不只是传统行业，连新兴行业也都切实感受到经济寒冬的激烈加剧。

由于很多民营企业固有的“后天不足”，其正在遭受残酷清洗，已经不再是简单的赚钱与亏钱的问题，而是深层次企业存在价值与意义的丧失。尤其是在传统行业，有很多优秀的民营企业依然在坚守，依然行走在倒闭的危险边缘，战战兢兢，如履薄冰，一不小心就可能在恶劣的经济环境与激烈的市场竞争洪流中湮灭。

然而，民营企业最可怕的噩梦并不是这些，而是另一个衍生危机——信用危机。

早在 2011 年，民营企业老板开始大规模的借贷投资扩建厂房、设备，或新购地新建厂房、设备、成立新公司。全国各地新办企业，设企业总部，尤其是传统制造业，大量购置生产设备、扩充固定资产，投资“品牌”、“市场占有”，搞研发、搞中国制造、搞设备更新、搞技术创新、潜心工匠。在民营企业大规模借贷的时候，也迎来了影子银行、高利贷行业的“春天”。殊不知，“天有不测风云”，从2014年开始，尤其是2015年，银行大势加大力度，对贷款企业，特别是中小民营企业限贷、收贷、抽贷、压贷措施，一下子让众多中小民营企业纷纷中枪倒地，企业资金链断裂。信用危机的种子由此深埋，只待经济发展拐点出现，并于一朝破土而出。

在2016年1月至2016年10月，仅温州与杭州两地，因企业失信而上“黑名单”的企业数量就暴增40多万家，郑州暴增26万多家，比此前十多年失信企业的累计数量还多很多倍。就全国范围来讲，从2015年到2016年新增的失信“黑名单”企业已逾3 000万家，由此卷入企业主、股东及连带责任人录入失信“黑名单”的应该超过1亿人以上。这其中包括“有能力履行而拒不履行的”和的确“没有能力履行的”两种，但无论如何，都会无一例外地被以“有能力履行而拒不履行的”一律录入失信“黑名单”。

随着资金链断裂引起的“雪崩”，企业之间也出现了信用危机，一律“先款后货”。有的企业为了生存，将仅有的资金投入企业运营，勉强支撑，根本再无资金支付到期贷款。于是，债主逼债，企业无力偿还；进而各类经济官司接踵而至，企业无不败诉。败诉企业成为“被执行人”，而债权人往往以“企业有能力偿还却拒不执行”为由要求法院将企业列为“失信被执行人”。由此，很多企业被迫上了“黑名单”，企业被迫“失信”。

近一两年被迫上“黑名单”的很多企业都属于“被失信”，具体含义有如下两层：

第一，企业被迫对债权人失信，被迫成为“被执行人”。

由于各大银行控制信贷风险，特别是非固定资产贷款和纯信用贷款，以及企业以商标、专利等知识产权作抵押物贷款的企业，当然有固定资产作抵押物贷款的企业均遭到银行严重抽贷、限贷、压贷；加之上下游企业的业务拖累，企业发生严重资金链断裂，进而导致销售下滑，收益锐减，无力支付到期贷款。债权人纷纷诉诸法律程序，企业败诉之后被迫成为“被执行人”。这是企业对债权人的“被失信”。

第二，企业被迫对法律失信，“被执行人”被迫成为“失信被执行人”。

根据 2013 年 11 月 14 日《最高人民法院执行局与中国人民银行征信中心签署合作备忘录》规定，被执行人具有履行能力而不履行生效法律文书确定的义务，并具有下列情形之一的，人民法院应当将其纳入失信被执行人名单。

（1）以伪造证据、暴力、威胁等方法妨碍、抗拒执行的。

（2）以虚假诉讼、虚假仲裁或者以隐匿、转移财产等方法规避执行的。

（3）违反财产报告制度的。

（4）违反限制高消费令的。

（5）被执行人无正当理由拒不履行执行和解协议的。

（6）其他有履行能力而拒不履行生效法律文书确定义务的。

很多“被执行人”根本不具有履行“生效法律文书确定的义务”的能力，不属于真正的“老赖”。企业并未逃避债务，也不是“欠人钱财却赖着拒不履行法院生效判决的债务人”，而是真实的不具有履债能力。这批不具有履债能力的“被执行人”也被迫成为“失信被执行人”，这是企业对法律的“被失信”。

民营企业一旦“被失信”，本来面临的企业融资难、融资成本高的重大问题就更加突出。这是一个死循环。企业越融不到资，债主越压迫；债主越压迫，企业越难融到资。周而复始，最后只得以破产结局。

诚然，不排除个别具有履债能力的企业恶意逃避债务的情况，对这类有钱不还的“老赖”确实应该上“黑名单”。但也有很多优秀的企业是真实的、暂时没有履债能力，他们在此之前一直未发生过诉讼案件、没有出现过信用不良记录，发展前景也非常好；企业主也一直未放弃企业，一直在为企业的新生努力奔波，废寝忘食；他们的市场还在、渠道还在、客户还在。只是由于大环境的不可抗力因素，而非企业主能力或经营不善导致资金链被压断。如果将这类企业也列入“失信被执行人”之列，那么不但不利于解决债务问题，反而会阻碍企业融资，影响企业业务发展，最终导致企业破产。而由此殃及到的债权人、债务人家人应该不少于2～3亿人，大家的生活都陷入一团乱麻、一团糟的境地。

那么，如何才能最大限度地挽救债权人的利益，挽救优秀的企业呢？作为金融机构，完全能够发挥更多的职能。针对这类“被失信”的优秀企业，组织债权人、企业、银行等融资机构，在充分了解企业真实情况的基础上，特殊问题特殊处理。金融机构在调查、调解这类“被失信”的优秀企业纠纷时，应该根据实际情况，即该类企业是否真实具有偿债能力、是否有钱不还、是否是真正的“老赖”。在此基础之上，结合企业历史信用记录、企业市场前景、企业业务偿债能力等因素，综合考虑对该类企业放宽信用政策，或者协议放宽信用政策，取消人民银行征信系统里的信用不良记录；对依据《最高人民法院执行局与中国人民银行征信中心签署合作备忘录》的“失信人”判别标准，不构成“失信被执行人”的优秀企业予以过当纠正，取消人民法院的失信“黑名单”，取消“限高”等，支持中小民营企业顺利融资，特别是中小民营实体企业重获新生，走出困境。扫清“被失信”优秀中小民营企业在融资途中的最后一只拦路虎，不让“失信被执行人”制度成为压死优秀中小民营企业的最后一根稻草。

二、友谊的小船说翻就翻

“友谊的小船说翻就翻”来自漫画作家喃东尼最开始创作的“友谊的小船”。“友谊的小船说翻就翻”，其实就是两个朋友之间委婉地说出彼此不再做朋友了，寓意友谊经不起考验，说变就变。2016 年经各种网络语言演绎，风靡一时。

在债事当中，许多企业给其他企业担保贷款，许多人借钱给朋友帮其渡过难关，但当贷款人或借款人还不起债、需要担保人承担担保责任时，友谊的小船说翻就翻，兄弟反目、朋友成仇人则屡见不鲜。

1．严峻的“三角债”

2014 年 10 月 22 日，中山凤光传奇被曝出欠款 7 000 万元，传出老板跑路的消息。

10 月 24 日，横栏喜林灯饰又跟着跑路了。

11 月 21 日，微信朋友圈突然流传一则关于金秋田照明、好的赛照明等老板跑路的消息。

……

一波接一波的 LED 老板因资金链断裂选择跑路。“跑路潮”从 2013 年 7 月开始爆发，深圳亿光、雷星光电、嘉浩光电、雄记灯饰等照明企业接二连三的出现倒闭、老板跑路的情况，“三角债”问题成为 LED 行业中亟待破除的“魔咒”。

有人指出，一些 LED 企业禁不住市场诱惑，前期大幅度扩张，然而现存市场容量没能达到预期，在没有雄厚的资本、过硬的技术、优势品牌和优秀的运营及盈利模式做后盾和依托下，企业在激烈且无序竞争中资金链就会出现超负荷运转，一旦经营不善，三角债问题就会接踵而至，公司用不断延期的空头支票支付供应商货款，并拖欠经销商预付款，一旦被捅破就会出现资金链断裂，最终难逃倒闭的厄运。

三角债之所以在 LED 行业表现得特别严重，有其特定的原因：客户拖欠应用厂家的货款，应用厂家拖欠封装厂家的货款，封装厂家再去拖欠上游芯片及辅助材料厂的货款，原本正常的产业链已经变成一条充满风险的债务链条。

2014年左右，LED产能严重供过于求，并且市场竞争异常激烈，所有企业为了拉到客户都开始拼服务、拼货款周期、拼价格、拼最低利润。因为利润很低，所以账面周转资金不多；同时要拼货款周期，有的欠款可能长达半年，或者更久，这样一来就有可能导致公司资金链断裂，使企业陷入万劫不复之地。

“三角债”是人们对企业之间超过托收承付期或约定付款期应当付而未付的拖欠货款的俗称，具体表现为企业和企业之间相互拖欠货款，呈现出盘根错节的债务链，导致商品资金无法变为货币资金，从而严重阻碍流动资金周转。

20世纪80年代，我国就已经出现了三角债问题。进入20世纪90年代后，三角债成为民营企业的顽疾之一。我国的三角债不仅涉及个人，也涉及商业和工业企业；不仅涉及民企，也涉及外资企业；不仅企业间有拖欠，企业与财政、企业与银行、银行与财政之间也有拖欠。债务主体之间关系广泛而又复杂，跨地区、跨行业、跨部门的各种债务纠纷相互交织在一起，而且大量债款的拖欠时间长，短则一两年，长则六七年。相关部门曾经有计划、有步骤、有组织地清理三角债，取得了很大的成效，但并没有从根本上解决相互间拖欠的问题，三角债反而呈现出拖欠时间越来越长、拖欠金额逐年上升、拖欠范围不断扩展、拖欠死账逐年增长等特点。

与20世纪90年代的“三角债”危机牵涉的多为国企不同，新一轮经济危机之后的“三角债”牵涉的更多为中小企业和民营企业。梳理近些年发生的“三角债”危机，主要是以企业间的经营性欠款为主，资金的流向是实体经济，并且债务关系中权责的区分相对比较清晰，债务化解的主体也比较明确。但由于当前的经济和金融环境已经发生显著变化，此轮债务风险积聚的情形则要复杂得多。

在最容易形成三角债的产业链上，大企业在原料、辅料供应中处于上游，如果大企业资金紧张，寄生在它周围的中小企业则没有了源头活水，相互之间开始欠账，三角债的情况就会加剧恶化，原本就处于弱势的中小企业就成为“三角债务链”资金压力的主要承担者。被“三角债务链”绑架的企业，时刻面临着多米诺骨牌式的资金链危机。

2012 年年初，三一重工不断传出裁员 30%的新闻。至当年 6 月末，员工人数减少 3 000 人已是不争的事实。分析指向三一重工资金陷入了困局：到 2012 年第一季度末，三一重工的应收账款达到了 201.23 亿元，较期初增加 88 亿元。第一季度末三一重工的账面货币资金仅为 68.93 亿元，较年初减少了 33.53 亿元，较去年同期减少了 30.29%。同期，应付账款也达到了 76 亿元，较期初增加了 35 亿元。

这是典型的“三角债”现象，也是典型的被“三角债”所拖累。三一重工不仅因为其他单位的拖欠而加大了资金周转的压力、增加了财务费用负担，而且因为拖欠别人的资金，也使更多配套企业陷入了资金困境、运转困局。

“三角债”的大量存在，不仅使“活钱”变成了“死钱”，影响了资金的使用效率，影响了资金的周转速度，而且也影响了货币政策的调整和完善。

从 2015 年年初至今，受经济不断下行等因素的影响，部分地区的企业债务环境不断恶化，一批新“三角债”问题再次严峻起来，一些地区的企业欠债回款期不断延长，回款的比例不断降低，企业之间的信任度正在陷入“冰点”。

事件一：曾连续多年被评为河南省“十强县”的某工业县，近年来由于主导产业煤炭、铝材、水泥、玻璃等都成为了全国性的过剩产能行业，全县经济迅速恶化，多数企业应收账款激增，互相拖欠的债务金额迅速膨胀。中小企业的日子普遍难过，有一家生产铝管的企业，年产值为 2 000 多万元，别人欠其 1 400 万元，其欠别人也有 1 200 万元，企业已有好几个月发不出工资。

事件二：安徽一些地区应收账款期限也在不断增加，比如以前是 30 天，现在都是 3 个月。同时银行的不良贷款率也在上升，到 2015 年 6 月末，安徽银行业金融机构不良贷款余额为 430 亿元，比 2015 年年初增加了 74 亿元，不良贷款率为 1.73%，比 2015 年年初上升了 0.17 个百分点。当时有专家预测，2016 年清收不良贷款将会是银行的一个重点任务，主要可能在制造业。

事件三：国内一家大型煤矿企业 2015 年企业负债率已达 78%，2014 年为 65%，企业现金流明显趋紧，生存越来越困难。公司全体员工的收入都出现了大面积下滑，领导层收入“拦腰砍”，非采煤一线的职工月收入 1 000 元上下的非常普遍，如果家属没有工作，这样的收入养家糊口非常困难。

当把企业资金紧张的矛盾更多地对准货币政策紧缩、信贷投放不足、信贷结构不合理、融资渠道过窄时，很少有人发现“三角债”才是企业资金紧张真正的罪魁祸首。一部分企业生存困难，一些地区的金融环境因之恶化，经济转型遭遇难题，并呈现出欠债涉及面越来越广、欠债回款期越来越长、回款现金越来越少的趋势。企业债务环境恶化，企业的生存问题凸显，尤其是中小企业陷入债务危机后，往往会造成致命的打击。即使是大企业，由于负债率的急剧上升，企业可用资金越来越紧张，职工收入也出现了明显的下降。

显然，这些“三角债”有些确实是由产品、市场、宏观经济环境等客观因素造成的，但更多的则是由企业信誉和诚信度造成的。许多有能力按时偿还债务、结算货款的企业，也因为大环境的影响，纷纷加入到了“三角债”的行列。

市场经济是信用经济，“三角债”显然不是市场经济所倡导的。“三角债”不仅影响企业正常的生产经营，影响资金使用效率的提高，更影响企业信誉的提高和诚信的建设，影响良好的经济金融秩序的建立。

20世纪90年代的清理“三角债”行动，曾经让一些企业受到了一次信用和诚信的洗礼，也在一定程度上增强了企业的信用意识、诚信意识。经过20多年的发展，中国企业的信用意识、诚信意识应当更强，“三角债”也应当逐步退出历史舞台。但是，从制度环境、政策环境等方面，要加强引导企业向真正的市场经济主体靠拢，向信用经济靠拢。现在，有必要再一次对“三角债”进行清理，对企业信用形象再次进行洗礼和再造。

2. 担保是个圈

资金是企业的血液，是企业生存和发展的重要保证。但近年来，企业与企业之间，企业与银行之间，银行与银行之间的结算资金急剧膨胀，严重影响了流动资金的正常周转和经济效益的提高。

齐星集团债务危机的“蝴蝶效应”，或令同处“邹平板块”的西王集团陷入担保危机。受此影响，齐星集团持股 3.07%的齐星铁塔和西王集团控股 34.91%的西王食品双双大跌。

齐星铁塔在 2017 年 3 月 29 日晚上发布的公告中称，原控股股东齐星集团 2014 年将公司股份 7 875 万股过户至龙跃实业，自此，公司控股股东变更为龙跃实业。目前，公司与齐星集团及其下属公司均不存在任何形式的互相担保。据齐星铁塔最新年报显示，目前齐星集团持有公司 1 280 万股股份，占比仅为 3.07%。以 3 月 29 日收盘价计算，齐星集团所持股份市值约 4.27 亿元。

而西王食品的公告则显示，截至 2017 年 3 月 29 日，西王集团对齐星集团及下属子公司提供担保余额为 29.073 亿元，该等担保已全部追加风险缓释措施，西王集团为齐星集团及其下属子公司提供担保的方式均为联合担保，均采取追加股权质押、房地产、机器设备抵押以及反担保措施，整体风险可控。经核实，西王集团发行的债券不存在到期不能按时偿还的情况。截至公告日，西王集团有限公司 2017 年到期未偿付债券规模为 79 亿元。公司作为深圳证券交易所上市公司，在人员、资产、财务、机构与业务方面均独立于控股股东运营，西王集团对齐星集团的担保对公司正常生产经营无直接影响。

回溯整个事件，齐星集团有限公司近期因资金链断裂，大量银行贷款到期无法偿还，当地正组织金融机构成立债权人委员会来统一处理债权事宜。邹平县等有关部门组织召开了齐星集团债权人会议，集中商讨齐星集团金融机构贷款逾期问题，并商讨成立齐星集团银行业债委会。此外，还制定了《齐星集团有限公司银行业债委会合作公约》，公约明确要求在齐星集团重组方案做出前，各成员银行不得擅自退出、减少本行的授信份额。

齐星集团对上述债权人的还息日是本月 21 日，但至今还没进行付款。相关债委会日前成立，期间公司承诺 29 日还息。但截至 4 月 10 日，与有关债权人联系后得到的答复依然是未还状态。

西王集团作为齐星集团债务的主要担保方，市场对其境况不无担忧。

西王集团官方网站显示，公司始建于 1986 年，是一家以玉米深加工和特钢为主业，配套物流、金融、国际贸易等产业的全国大型企业；其旗下拥有西王食品、西王特钢、西王置业三家上市公司和西王集团财务公司。现拥有总资产 399.2 亿元，职工 16 000 余人。

“西王集团说不定就把自己搭进去了，据我们现在了解，齐星集团约有 40 亿元的银行债和 60 亿元的场外债。”一位参与当天债权人会议的债权方人士讲道，“西王集团算是齐星集团的最大担保方，现在已经承诺为齐星集团承担基准利率所产生的利息，上浮部分由齐星集团承担。齐星集团早在两年前就经营困难，无法产生利润，现在基本是停工、停产状态。这两年都是靠贷款撑过来的，无论是代还还是平移贷款，最后说不定都落在西王集团上。现在还都处于协商状态，不到万不得已，不会进行司法诉讼。”

一份西王集团最新的征信报告中对外担保信息概要显示，公司目前所担保主业务余额合计为 94.03 亿元。而西王 SCP002 企业短期融资券主体信用评级报告显示，截至 2016 年 9 月末，公司对外担保余额为 36.63 亿元，担保比率为 24.91%。其中，对齐星集团有限公司的担保额为 29.69 亿元，占整体对外担保余额的 81.05%，同时双方存在互保行为。值得一提的是，除齐星集团这个包袱外，西王集团还为南金兆集团提供了担保余额 7 000 万元。截至 2016 年 9 月末，南金兆集团已全面停产，西王集团存在一定的代偿风险。

“非常棘手，也很漫长，西王集团这次怎么都会受一些影响了。”一位银行业人士表示，“出现这种事，我们一般都先去找公司，让其自筹资金想办法先把利息还上，但现在公司产生不了现金流，引入新的风投资金，无异于痴人说梦；然后就是找政府，即便是政府出钱，那也是杯水车薪；破产清算更是不合算，剩下就只能找担保方了，要么代还，要么平移贷款，实在不济才会进行法律诉讼。”

一位工作人员说，现在由滨州市政府、滨州市金融办以及邹城县政府等共同牵头处理此事，已经召集所有债权人成立了债委会，但对于齐星集团本次债务危机的规模和辐射程度，还在进一步调查中，不排除未来会有其他部门介入协同处理。

西王食品董秘马立东说：“担保是存在的，但是发生在集团层面，包括集团旗下的两家 h 股公司，而上市公司方面并没有参与担保，债务计提也应该是集团方面操作，现在滨州市、邹城市政府都出面协调处理，还是静观其变吧。”

企业间存在的联保互保网络，将企业像蚂蚱般捆绑在一条利益绳索上，形成资金链的相互锁定。担保圈让朋友与朋友之间、企业与企业之间形成了一条看不见的资金供应链，所有在链条上的“单位”都互相成了利益共生体。当经济良好时，企业有现金流可以按时还款付息，担保可以忽略不计；但在经济衰退期，却要面临一损俱损的危险。一旦某个环节崩坏，某家企业陷入经营困境，其传递的恶性效果就向产业链两端不断倾倒。贷款企业银行贷款还不上，就会波及其他担保企业，要求担保企业承担担保责任。银行强行回收企业担保贷款，致使担保企业现金流恶化，影响到正常经营。银行紧锣密鼓地催贷、断贷，以及不肯续贷，使联保圈的层级式危机不断扩延，乃至影响到各关联互保联保企业。通过债务绑定，债务链关联的企业或家庭往往像多米诺骨牌的关系，一旦有一个“倒下”，将像病毒一样蔓延，进而导致资金链条分崩离析，信用关系彻底瓦解、消失殆尽。担保圈内的担保链条往往都不止 2 条，每增加 1 条担保链，包含的企业数量便呈倍数增长。大的担保圈很有可能“绑架”地区经济，使风险在企业间相互传染，并通过银行业金融机构传染至整个实体经济。

资金链断裂危机不断蔓延，从民间金融开始，延及大批中小企业，危机如燎原的火势，正逼近一批创利创汇丰厚的优质企业。这些企业运营良好，惹火上身的主要原因是，他们曾经在同伴企业的贷款上担保签字，或是曾与其他企业联保互保。消费的疲软，市场上持续的资金枯竭，民间信用体系的崩塌，让他们的同伴如冬日野草般枯萎，逼迫他们成为担保连环套中的最后埋单人。

第三章

解债之路几多愁

《中庸》有云："素富贵，行乎富贵；素贫贱，行乎贫贱；素夷狄，行乎夷狄；素患难，行乎患难。君子无入而不自得焉。"在贫贱富贵之中的自由自在，就是一种超然的淡定。作为一名企业家，在手握巨大财富的得意之时淡然，在面对巨额债务的失意之时坦然，心不要为债事所累。只有这样，才能从焦虑、疯狂、急躁中解脱出来。

一、坏账，让一些银行亏损压顶

2017 年 3 月 20 日，国家开发银行一口气挂牌 15 家村镇银行股权，“清仓式”转让 15 家村镇银行，挂牌价格总计 10.87 亿元。转让时买方必须一口气买下 15 家村镇银行，而不能只买一部分。

上市刚满一年的浙商银行疑似遭遇基石投资者蚂蚁金服的“无情”甩卖。2017 年 3 月 22 日上午 9 点，浙商银行在港股开市前出现一宗 5 882.3 万股的大额交易，涉及资金 2.32 亿港元。该笔大宗交易每股交易价格为 3.95 港元，较前一日 4.44 港元的收盘价折让 11.04%。用一句话来总结，即阿里巴巴蚂蚁金服“放手”浙商银行，折价套现 2.32 亿港元却没有赚到一分钱，阿里巴巴的金融帝国梦想起航不久就开始收缩。按照中国民间的说法，开银行基本是稳赚不赔的买卖，本次两家资本大咖甩卖银行股权，而且是清仓大甩卖，让人不得不怀疑这种交易背后的动机。

银行业的坏账问题，一直都是媒体关注的焦点，也成为引发金融危机的最大隐患。在经济结构转型、坏账压力侵袭的宏观环境下，银行纷纷刮骨疗毒，打响资产质量保卫战。

据银监会 2017 年 2 月 22 日发布的数据显示，2016 年第四季度末，商业银行不良贷款余额为 15 123 亿元，较上季度末增加 183 亿元；中国商业银行不良贷款率为 1.74%，比上季度末下降 0.02 个百分点。这是自 2012 年第一季度以来，银行不良率首次出现下降，但这并不意味着银行的坏账和面临的风险已经出现“转危为安”的拐点，只能说在银行业降杠杆和债转股的操作下，很多坏账被延后，或者被掩盖了起来。

在这里先普及一下“银行坏账”的知识。银行坏账是指，由于市场经济的极大不确定性，银行无法收回或收回的可能性极小的应收款项。欠账时间超过三年的都可以确认为坏账。银行的坏账分为两种：一种是借款人恶意逃避还款；另一种是因为资金短缺，短期无力偿还。而钢铁、水泥、煤炭“僵尸企业”还不了的债务占了很大比重，债转股就成为一个重要的掩盖坏账的手段。

所谓银行“债转股”，就是将银行里快要发酵的长期债券，一下子转化成债务企业的股票，这意味着在企业破产时，银行具有优先偿付的债权转变成了无优先的股权。如果这些“僵尸企业”经营得不到好转，持有的股权还存在缩水的风险，会由以前的坏账变成净亏损。更有甚者，债转股胁迫银行成为那些无力偿还贷款的企业的利益相关者，进一步拖累银行利润。将债务风险转移到股市中，最终还是会由广大股民埋单。

通过债转股来大量削减不良资产。这种方法在 20 世纪 80 年代和 90 年代初的拉美债务危机中很流行。它可能会争取到一些时间，但从长远来看，只是延缓了癌症导致死亡的时间，并不能彻底治愈癌症。令人担忧的不止如此，当前中国的“影子金融”（泛指规避监管的银行之外的放贷）加剧了坏账问题。2015 年年底，中国影子银行资产规模已经达到 53 万亿元，约合 8.1 万亿美元。

根据银监会数据，2015 年银行业资产规模为 194.7 万亿元。也就是说，影子银行的体量已经超过银行业的四分之一，占 GDP 的 74%左右。

更严重的是，影子银行的资产结构非常“危险”。从穆迪数据中可以看出，理财产品占据了影子银行资产规模的主要部分，为 21.6 万亿元；其次是委托贷款，为 10.9 万亿元。这些贷款绕过了政府禁止的公司互相贷款的规定，不记录在银行收支平衡表上，无法监控。截至 2017 年 1 月底的过去 12 个月，中国大陆的影子银行贷款激增 20%，占总信贷规模的 9%。其中很大一部分可能变成不良贷款，其不透明性意味着很难评估其风险。法兴投行认为，中国的杠杆率仍然在快速上升，非金融部门的债务水平已经升到 GDP 的 250%，国有企业债务重组拉开序幕将令银行业重组也渐行渐近，这一场景在中期发生的可能性超过 50%，银行业越来越需要被救助。据估计，中国银行业的整体损失可能会达到 8 万亿元人民币，相当于商业银行资本的 60%，财政收入的 50%，GDP 的 12%。

成功预言过美国次贷危机的投资人 Kyle Bass 声称，如果中国银行体系在经济硬着陆的情况下损失 10%的资产，银行的股本亏损可达 3.5 万亿美元，约 24 万亿元人民币。为避免银行体系崩溃，银行需要进行资本重组。而央行没有足够的准备金来帮助其摆脱困境，因此需要大规模的 QE，这或将导致人民币进一步贬值 30%～40%，这在当前的汇率条件下是相当危险的；如果期望通过 20 世纪 90 年代末成立的四大国有资产公司剥离银行的坏账，在当前财政赤字巨大的情况下，也是无法实现的。一旦债务问题引爆，将会从银行和影子银行的不良贷款开始，其中地方政府借助壳子公司取得不良贷款、“僵尸企业”的贷款和新增个人住房贷款，将成为引发债务问题的三个风险源。其中任何一个出问题，债务问题将引爆银行的坏账问题，可能成为引发新一轮金融危机的导火索。

二、贱卖，割好肉补烂疮

浙江省温州市泰顺县，垟心街 32 号，一座普通的四层小楼，曾经是泰顺县最热闹的地方。几年前，泰顺立人集团租下这栋楼的 2、4 层，从事民间的借贷业务。每天车水马龙，人来人往，官员、百姓纷纷送钱进来。有人从银行抵押房屋贷款放到这里，有人从亲友那里集资。十多年来，立人集团光付出的利息就有 30 多亿元。立人集团如同一家银行，年初存入，月息 2 分，年底取出，随存随取。

立人集团是泰顺县著名的龙头企业，前身是泰顺县育才高级中学——当地有名的民办中学，培养了一批清华、北大学子。1998 年董顺生用 10 万元办学，用民间融资扩张，一直非常顺利。2003 年注册为集团公司，法人代表是董顺生。2001 年，开办育才初中；2003 年，开办育才小学、育才幼儿园，形成十分完整的教育体系。

由于立人集团拥有良好的教育声誉，大家都觉得，这么好的学校，靠得住。学校老师成为拉钱的主力，立人集团最早的月息多在 3 分之内，每笔最低 10 万元。一时间，民间资本滚滚而来。后来，立人集团资金越来越紧张，利息达到 4、5 分之高。在宣布破产的前三天，立人集团还在借高利贷，借新还旧。最后，这个游戏再也无法玩下去，2011 年 10 月 31 日，立人集团再也无力支撑，宣布无力支付本息，债务危机爆发。

立人集团没有把资金全部放到教育上，而是投向热门行业。在江苏盱眙、扬州、淮安，河南信阳，立人集团投资房地产项目。随着中国经济的减速，这些二三线城市房地产一片萧条，房地产卖不动。内蒙古鄂尔多斯煤炭最火的时候，立人集团投资了诚意煤矿股权，现在煤炭“死”了，资金积压，亏损严重。

立人集团债务多少？没有一个准确的数据，保守估计最少 60 亿元，登记债权人 7 000 人以上。立人集团提出解决方案：第一，债转股，把债务转化为公司持有的房地产、煤矿股权；第二，分期偿还，5 年还清，每年还 20%；第三，用旗下的房地产抵债。可惜没有得到债权人的认可。

为什么债权人会拒绝立人集团的债转股方案呢？

“债转股”曾经是国家帮助国企脱困、扶植国企发展的一项优惠政策。实施“债转股”后，困难企业将原来的一部分负债变成了扩张的资本金，不仅增强了企业的发展后劲和动力，而且引进了金融资产管理公司的加盟，将原国企单一的投资主体改造为国家授权的，以国有资产运营机构为主，以金融资产管理公司、各类法人组织共同持股的公司制形式，以实现企业产权制度与法人内部治理结构的转换。

金融资产管理公司通过参股、控股，依法行使股东权力，参与企业重大经营决策，企业受到产权关系的约束，将激发出自主经营的积极性，进一步促进企业经营机制的转换，实现资本与经营的良性循环，加快了现代企业制度的建立。加之国家关于“债转股”政策要求对被转企业进行规范的公司制改造，严格按标准选择部分国企进行“债转股”，将会直接发挥催化和示范的作用，使国企在规范化公司制改革上迈进一大步，加速了我国现代企业制度建立的进程。“债转股”有利于重塑银企新型关系，实施“债转股”后，商业银行剥离了巨额不良资产，使沉淀的不良资产转化为安全的资产形式，保障了信贷资产的完整性和安全性。而且通过金融资产管理公司的持股、控股，以国家赋予的权力和特殊的股东身份，直接参与企业的经营决策，解决了一般债权人对贷款监管不力的问题。

简言之，债转股的优势就是通过将债务转换成股权以解决一些不良债务与债权问题，有利于降低企业的负债率。将来可以尝试的债转股的新方式有以下方面：首先，将商业银行和其他金融机构过去的贷款转化为对企业的投资，通过股份制改造，可将其超过一定年限的一部分债权转化为股权。债权人变为企业的股东，也可以充分发挥其媒介作用，通过产权交易，转让股权，变现资金。其次，平面转换。企业之间形成的债权、债务三角关系，可以在企业股份制改造过程中调整债权为企业间投资，使债主变为股东，变“死债”为长期投资。

债转股有很大的风险。“债转股”从理论上讲，是一种风险的转移，即由国有商业银行把部分不良资产转给金融资产管理公司，银行对国企的债权变成了金融资产管理公司对国企的股权，其原风险并未取消、消失和化解。“债转股”在化解原企业的财务风险的同时，由于其政策性强、审批严格、程序复杂，有可能变成一种层层审报、审批的官僚主义刻板程式。另外，如果政府干预过多，则会使企业只看到政府的恩赐，看不到银行的让度，从而把“债转股”看作一次“债务豁免”、“债务核销”，产生赖债、逃债的思想，酿成道德风险。在债权变股权时，如转让价低于实际资产，则会影响商业银行的资产回收率，进而影响资本充足率和资信度；如转让价高于实际资产，则会使金融资产管理公司受到损失，难以确保持续经营和进一步化解不良资产。另外，债转股还有不良债权转为不良股权“原地打转”的风险。转股企业如不在重组、转制上动“大手术”，“债转股”就会流于形式，规避这种风险的关键在于重组。“债转股”是国企解困、盘活银行不良资产，实现银企双赢的重大政策选择，是一项政策性很强的系统工程，容易出现搭靠国家政策“车”一哄而上，一些企业借“债转股”大规模逃债、赖债的现象，给经济造成巨大损伤，影响我国的社会秩序。

立人集团的项目都是房地产、煤炭项目，股权对债权人没有太大的吸引力，而且还蕴藏着极大的风险，一旦失败，血本无归。与国有企业有国家兜底不同，私人更加注重资金的安全，所以拒绝也是意料之中的事情。

于是拍卖资产成为唯一的还债方式。泰顺县成立立人集团资产处置工作领导小组办公室开始处置立人集团资产，其旗下主要有房产、煤矿、学校、股权，还有一些不动产。比如，北京、杭州、大连的幼儿园，贵州、内蒙古等地的煤矿，淮安国际商城，淮安的“青浦古盐河项目”，“盱眙怡天商贸港项目”，406 亩小太湖水域 50 年经营权，扬州的“大上海国际公寓”房地产项目，高邮县的“天润园小区”，上海意邦置业有限公司 20%的股权。政府先后举行了多次拍卖会，拍卖立人董事会成员的个人资产，其中包括董顺生的 4 处房产、立人集团的 4 辆汽车，还有一些项目也顺利转让。最优质的育才学校被政府接管。

立人集团确实有点令人惋惜，一个人 10 万元起家，把教育搞得有声有色，已经非常不容易。立人集团有不少资产还是比较优质的，但是重债之下，再好的东西也得“割肉”。银行债也好，企业债也罢，肯定是有资产作抵押的，但这个资产未必是人家想要的。比如，银行要你提供资产，往往抵押率只达到 50%，最高也就 50%，这种割肉补疮的还债方式，把企业拍卖死了。

三、讨债要合情合法

2016 年 4 月 14 日下午 4 点半左右，大约 10 名催债人员来到公司办公楼前，现场乱哄哄的，有一名年轻女子在大喊大叫，苏银霞和对方互骂。

这些上门者并非全是债权人。他们当中仅有一名 1987 年出生的女子称借给了苏银霞 100 万元，这是苏银霞此次借款的全部数额。此前一天，苏银霞母子已把唯一的房子抵押给了放贷者，于欢的东西也被扔了出来。

此次“对阵”没有结果。苏银霞与于欢最终回到一层办公室，催债人员则坐在外边的台阶上。晚上 7 点左右，催债者在楼前摆起了烧烤炉，一边吃烧烤一边喝酒。

苏银霞母子去食堂吃饭已是晚上 8 点多的事情了。当他们走出办公室时，两名催债者随后跟上，轮流看着他们。

“他们往哪里去，我们就安排人跟着。”喊来多名催债者的男子李忠说，他们讨账时没有打苏银霞母子，但是“骂了他们两句”。

在于欢姑姑于秀荣的回忆里，苏银霞母子在食堂待了大约 1 个多小时，此后回到办公室。

事情的走向很快改变了——在一名名叫杜志浩的青年，晚上 8 点多开车到公司大院之后。他留着小胡子、长头发，身穿白色半袖，是第 11 名也是最后一名到场的催债者。

多名催债者吃完饭后，杜志浩走进了一层办公室。随后，在楼前吃烧烤的催债者全部进入楼内。监控显示，当时时间是晚上 9 点 50 分。

苏银霞母子那时还待在办公室内。11 个人围着他们，主要与苏银霞对话并要求还钱的是杜志浩和李忠。

这场从傍晚开始的催债“闹剧”，终于发展到了顶峰——有公司员工及家属见办公楼“乱哄哄的”，便急忙前往，透过窗户往里面看，发现苏银霞和于欢面前，“有一个人面对他们两个，把裤子脱到臀部下面”。杜志浩正把自己的裤子和内裤脱到大腿根，把下体露出来，对着苏银霞；杜志浩还把于欢的鞋脱下来，在母子面前晃了一会儿，并扇了于欢一巴掌。

另有多名催债者也陈述了类似说法，还称杜志浩把鞋往苏银霞脸上捂。他们均表示，杜志浩和苏银霞吵了起来，杜志浩“嘴上带脏字了”，“说的话很难听”。

在 20 多分钟内，苏银霞母子遭受着下体侮辱、打耳光、言语辱骂。“后期他们相互推搡起来。”如此场面令一同被困的公司员工马金栋感到事情不妙，他跑出办公室，让同事赶紧报警，“他们开始侮辱苏银霞了”。

监控显示，晚上 10 点 13 分，一辆警车到达，民警下车后进入办公楼。苏银霞、于欢急忙反映被催债者揍了，催债者则否认。民警当时表示：你们要账可以，但是不能动手打人。

民警并没有在屋内停留太久。监控显示，晚上 10 点 17 分，部分人员送民警出了办公楼。这距其进屋处理纠纷刚过去 4 分钟。

于欢试图跟民警一同出去，催债者拦住了他，让其坐回屋里。没有民警的办公室再度陷入混乱。

接触过一审案卷卷宗的人士说，任何一方都证实了，此时催债者确实有动手的行为，“这一点，当事双方都有一致的描述”。

于欢供称，有个人扣住他的脖子，将他往办公室方向带，“我不愿意动，他们就开始打我了”。

事后的司法鉴定显示，于欢未构成轻微伤，造成的伤势是：在其左颈部可见一横行表皮剥落 1.1cm，结痂；右肩部可见多处皮下出血。

按照催债者的说法，他们当时把于欢“摁在了一个长沙发上”。

一名公司员工家属则看到，有催债者拿椅子朝于欢杵着，于欢一直后退，退到一张桌子跟前。他发现，此时于欢的手里多了一把水果刀。

于欢从桌子上拿起水果刀朝他们指了指，说别过来。结果他们还是过来继续打他，他开始拿刀向围着他的人的肚子上捅。

于欢当时说：“别过来，都别过来，过来攮死你。”杜志浩往前凑了过去，于欢便朝其正面捅了一下；另有 3 人也被捅伤。

曾经的百强连锁、福建 IT 界的“庞然大物”——已经做了 15 年，年销售额达 50 多亿元，最高峰时员工逾 2 000 人的一丁集团突然倒下了，全国数百家门店突然关闭。当时消息刷爆了朋友圈，也震撼了商圈。

一丁副总林德志在一丁破产时发表了一篇长文，称“解脱了”。他总结了三点反思：第一，永远不要跟银行借钱；第二，永远不要向民间借贷；第三，量力而行。

咸宁通山一家“讨债公司”（受债主委托）在索债无果后，竟非法限制债务人的人身自由。

徐甲（化名）和徐乙（化名）是朋友关系。三年前，两人约定，徐甲出资 100 万元给徐乙经营生意，第二年徐乙要返还 60 万元利润给徐甲。由于徐乙的生意失败，暂时没有偿还能力，他只好写了一张 160 万元的欠条。后来，徐乙偿还了一部分欠款，并抵押了一套房产给徐甲，尚余数十万元欠款未还清。

徐甲多次向徐乙讨债无果后，委托通山一家“讨债公司”帮忙追债，承诺只要追回所有欠款，他愿意支付 20%的欠款酬劳。

2016 年 12 月 8 日凌晨，这家“讨债公司”的人员找到了徐乙，并向其追讨徐甲的欠款。不敢回家的徐乙只好到岔路口派出所寻求帮助。由于此事属于经济纠纷，民警建议双方通过司法途径解决。直到早上 8 点，徐乙才离开派出所。他一走出派出所，几名

“讨债公司”的人员就紧随其后，并拿着扩音器不断播放“欠债还钱”等语音，徐乙走到哪里，他们就跟到哪里。当天晚上，不敢回家的徐乙又来到派出所，“讨债公司”的人也跟到了派出所。次日，民警找到以朱某为首的“讨债公司”成员，予以口头警告，告知其追债方法不妥。

12 月 9 日晚，徐乙再次来到派出所求助。此后的两天两夜，徐乙都在派出所“避难”，家人按时送饭，“讨债公司”的人则蹲点守候。

近年来，民间高利借贷引发的暴力讨债等行为越来越频繁，他们大多采取非法拘禁、侮辱恐吓、暴力殴打、拍照威胁等方式实施恶性暴力讨债。

泊头人陈某和饶阳人郭某自 2016 年起，两人网罗社会闲散人员，集中食宿、明确分工、组成团伙，以月息 20%～75%不等的高额利息放高利贷，并实施恶性暴力讨债，手段多样，恶行累累。

2016 年 6 月，受害人赵某向陈某借高利贷 4 000 元，约定半个月后连本带息还款 5 500 元，后赵某未能如期还款。期间，陈某团伙多次对赵某进行恐吓。2017 年 1 月，陈某强行要求赵某写下了 3 万元的欠条。因赵某无力还款，该团伙成员杨某、牛某便在陈某住处对赵某进行殴打，并非法拘禁赵某 24 小时。次日上午，在陈某的指使下，胡某强制跟随赵某回景县老家取钱。

2016 年 12 月，受害人刘某（女）向犯罪嫌疑人陈某、郭某借高利贷 3 600 元。因刘某未在约定期限内还款，陈某团伙多次打电话对其进行辱骂恐吓。2017 年 2 月，郭某等人找到刘某，对其进行言语侮辱、恐吓，并迫使刘某脱光衣服，在拍下刘某的裸照后才将其放回。后刘某被迫按陈某团伙规定的数额还款。

2016 年 8 月，受害人王某（女）因急需用钱，向犯罪嫌疑人陈某、郭某借高利贷 3 万元，约定至 2016 年年底连本带息还款 4.55 万元。后因无力偿还，王某受到该团伙成员的多次电话骚扰、恐吓，并连续跟随、同吃同住数日。2017 年春节前，犯罪嫌疑人郭某以恐吓手段将王某约到自己办公室，对其进行谩骂、殴打。期间，郭某指使团伙成员张某（女）将王某的衣服脱得只剩下内衣，郭某对王某进行了拍照，并以不按时还钱便在互联网上发布、在王某住宅小区张贴进行恐吓威胁。因债务不断攀升，王某未能按时还款，陈某、郭某便以发微信朋友圈的形式，将王某着内衣的照片发到网上。

该团伙对逾期不能还款的借款人往往以日息 10% 的比例勒索罚金，使得借款人债台高筑。有的借款人不堪重负，委曲求全为其“打工”还债，逐渐发展成为团伙成员；有的借款人迫于淫威，受其唆使，无奈走上信用卡恶意套现的犯罪道路。

长期以来，通过非法拘禁、扣押财物、封闭公司等讨债的方式，在社会生活中愈演愈烈。债权人因某些原因放弃通过协商、诉讼等方式维护权利，时常雇佣一些黑恶势力、刑满释放人员通过暴力殴打、言语恐吓等手段讨要债务。公安机关也以经济纠纷为由不予处置，导致犯罪频发。发生犯罪后，司法机关往往也以双方互殴而做出不利于债务人一方的认定。此种讨债行为带来了更多的社会负面影响。

第四章

债事禅，解债先解心

债事禅是“禅”与“债”的禅修，从债事中为现代经济生活输入大智慧，为企业沉淀优秀的基因，为个人提升精神境界；债事禅的精髓就是悟出债事的本质规律，债事的生灭是有规律的，必须遵守天时、地利、人和；债事的流动是有曲线的，必须学会在取舍、散聚、义利之间多一分思考，多一分领悟，多一分智慧。

一、义利之间多一分领悟，多一分智慧

禅宗六祖慧能那首著名的诗偈：“菩提本无树，明镜亦非台。本来无一物，何处惹尘埃”。心本来是清净的，放下分别心、是非心、得失心、执着心，放下贪嗔痴，不绝望于人生的苦，也不执着于人生之乐，还真心的清净本性，获得真正的自然安宁、惬意、舒适、安逸。

一旦放下，心就大了。心小了，所有的小事就都大了；心大了，所有的大事就都小了。

1. 放下贪嗔痴，不绝望于人生的苦

解债先解心，是笔者在国内率先提出的，是一种超债事跨平台的行动。传统的债事生活和新的债事生活是有本质区别的。新的债事生活是一种美好的向往，而以往的负债者往往陷入到债务之中，为债务而烦恼。

债事的产生，很少是因为生活的所迫才去借债（诈骗犯不在此列），而是为了解决更多的投资、获得更大的利润。没有人一开始就抱有“骗”的心态去借债，但是由于许多社会环境的原因，

特别是在经济下行的大环境下，导致了投资的失败。在这种情况下，许多投资者陷入了债务的困局。

解债是一个与人性博弈的过程。这种博弈分为四种境界：技术—艺术—法术—道术。纵横捭阖、抽丝剥茧、设点控局；洞察人性冷暖，解析大众行为，这一路走来，如果做到了游刃有余、可收可发，便抵达了“道术”的境界。此时万事万物、相生相克、生老病死，一切在你心里来去自如。最强的对手就是你自己。一旦你战胜了自己，就如同跳出三界外、不在五行中。宠辱不惊，看庭前花开花落；去留无意，望天空云卷云舒。

2. 世间所有事，皆因有缘

货币化不是把实物变成货币，而是把这些数字变成可交易、可分割、可流通的东西，我们把这叫作服务化，也叫生活服务。当提到还债时，大家想到最多的是资产、财产等有形的东西，其实资产还包括技术专利、信誉等一系列的内容。最后再把债事变成生活化，成为一个系统，再变成资本化。这才是真正的智慧债事。比如 ETC，当汽车开到收费站时，杆会自动抬起来，司机只管开车通过即可。因为其背后有大量的数据在运作，自动完成收费、交费、扣款等工作，这就是数字化服务。

债事也具有同样的道理，把所有的债务集中起来，然后再寻找对口一一解决，这就是场景再现，也是智慧的体现。所谓的“智慧债事”，并不是让你耍小聪明如何去逃债，而是如何通过一系列的方法去解债。

债务人和债权人是最大的利益共同体，如同一家企业的股东。

刚开始大家因为有缘才产生了债，到了第二阶段便是因债而结怨，出现了想把对方置于死地而后快的情况，不是把对方列为“老赖”或打入“黑名单”，就是走法律程序把对方告上法庭。

身欠9 000多万元债务的“老赖”，在好友屡次为其担保还账后玩起了“失踪”，被好友在其已被查封的厂房上喷写还钱标语。“老赖”认为自己的名誉受损，索要精神损失费5万元，并在村内张贴公告恢复其“名誉”。

刘女士与张女士原是好朋友，张女士开办纺织厂等企业经营生产。为了扩大经营规模，张女士开始大量举借外债，最后导致债务缠身，诉讼不断，自己的厂房也被法院查封，多年不再生产，杂草丛生。张女士甚至也曾因不给付债务导致法院对其进行行政拘留。在此期间，刘女士作为张女士的朋友，多次作为担保人从自己朋友手中借款给张女士。因张女士无法偿还债务，刘女士只得先行偿还，没想到偿还之后，自己却再也无法联系到张女士。一气之下，刘女士在张女士的厂房墙壁和围挡上喷写“张女士欠债还钱”的字样，没想到不仅没有逼张女士现身，反而收到了法院的一纸传票和起诉书，张女士以名誉权纠纷将刘女士告上法庭。通州法院审结此案，认定被告不构成侵权，依法驳回了原告的诉讼请求。

神木，这个一向不缺乏话题的小县城，地处秦、晋、蒙三省（区）交界处，因三株古松而得名。如今，古松早已无迹可寻，取而代之的是遍地黝黑的煤田，而民间财富也正乘着煤炭漂流。

“2012年，我们的GDP就突破了千亿元，一跃成为全国百强县，经济体量相当于陕西省汉中市和安康市两个地级市的总和。”这个成绩一直是神木县发展改革局的骄傲。

然而，优质、丰富的煤炭资源在给当地老百姓和地方政府带来巨额财富的同时，也将其带入了一个发展的“怪圈”：“财富”从地下被挖出，然后流入地下钱庄，接着再流进煤矿或楼市，形成了从地下到地上的循环。

“在神木这样的地方，人们突然之间有了钱，但却很难找到一个很好的投资渠道。于是，煤矿产业和房地产开发业就依靠着高额的利润吸引着巨额资金，很多人甚至借钱投资，民间借贷也随之兴起。”当地一位人士说，在顶峰时期，县里的担保公司与投资公司数量接近 1 000 家，一半以上的家庭都存在地下借贷关系。“当地人 60%的钱在煤田，40%的钱在房地产。”

谁知，美梦易碎。自 2012 年起，国内外煤炭市场低迷，煤价暴跌，神木煤矿产业链再也无法负担高额的借贷利率，资金链断裂，“跑路”事件频发，数以万计的散户面临着血本无归的窘境，辉煌一时的民间借贷已走在崩溃边缘。

“2013 年神木全县 GDP 跌至 925 亿元，下降近百亿元；2014 年上半年，全县 GDP 达 464.7 亿元，增速同比下降 0.6%。”据神木县法院公开数据显示，2013 年年初至 2014 年 6 月，该院已经立案受理 7 200 多起民间借贷案件，涉案总金额达 57 亿余元。

“‘债还得怎么样了？’几乎是朋友们和我见面的一句问候语。”王耀刚弹了弹烟灰，笑着调侃道。

在神木，王耀刚是一个被街头巷尾的街坊们津津乐道的“名人”。“也不为别的，就是因为大家都知道我欠了几千万元的外债。”王耀刚摇摇头，随手将手中的书稿摞起来，那是他过去发表的诗文集。

这个身量不高、言语随和的陕北汉子曾是县城中学的语文老师，十几年平稳的教师生涯，在他耳闻目睹了身边朋友们的“暴富神话”后，被他亲手打破。

“2005 年，我开始四处借钱入股煤矿。当时煤价高，一吨能卖到 800 元，纯利润就有 400 多（元）。”王耀刚回忆道，“开个煤矿，一年就能挣几千万元，谁不眼红啊？身边的亲戚朋友都在借钱弄煤矿，我也就动心了。”然而时运不济，从 2005—2010 年，王耀刚 3 次投资煤矿、焦化厂，均因资金周转不灵而以失败告终。“不但没赚钱，还欠下了几千万元的债。”王耀刚的妻子撇撇嘴，有些埋怨地瞟向丈夫。

在被追债的日子里，王耀刚尝尽了人情冷暖。“我曾经一天接 100 多个追债电话，甚至被十来个大汉堵在胡同里，不还钱就不让走。”说到这儿，他缓缓吐出一个烟圈，沉默了片刻。烟雾缭绕里，仅仅 40 岁出头的面庞尽显沧桑。“他还给人做担保，借了 200 万（元），结果人家厂子倒闭跑路了，这钱就只能他还，连本带利共 390 万（元）。”妻子说着，抹了抹眼睛，“家里整天乌烟瘴气，都是来要债的。”

“当时没有办法，只能再次选择买煤矿。”王耀刚苦笑着拍了拍妻子的手，“只有这样才能来钱快，才能把债尽快还清。”

2012 年年初，王耀刚再次委托朋友高息借贷，买进一个不大的煤矿。“还好运气不错，当时煤价高，我也挣了不少，还清了一部分钱。”

不曾想，同年起，煤炭价格开始回落，王耀刚忙将煤矿低价转手，用仅有的一笔转手费租下两家店面，做起了火锅生意。“也是为了让债主放心，我的店在这儿，人能跑到哪去。”王耀刚说。

问及两口子未来的打算，王耀刚掐断手中的烟，迷茫地搓了搓手指：“满城都是我的追债人，我哪里还有什么未来，走一步看一步吧。”

而王耀刚嘴里所说的这些追债人，大多数也有着和他一样的苦恼。

“他们是讨债的，同时也是欠债的。”神木县委宣传部副部长罗喜林感叹道。在煤炭市场繁荣时，当地几乎人人都拿出了所有积蓄，找熟人、熟人的熟人转借，以近乎疯狂的高利率将钱投入一片片煤田，希冀成为巨大利益集团中的一分子。“这样的借贷可以毫无约束，打个白条或者熟人介绍就能借来几十万元甚至上百万元的资金。然而一旦某个环节发展环境改变，如多米诺骨牌一样的民间借贷链就会彻底断裂。”

“据说神木的民间借贷规模有 200 亿元，也有人说不止 200 亿元。这个数据没有统计，也无法统计。”罗喜林说。因为除小额贷款公司和典当行外，还有不少没有登记在册的地下钱庄和个人放款，“这个数额不是小数，也算不清楚。”

最高人民法院《关于限制被执行人高消费的若干规定》（以下简称《规定》），明确规定了限制高消费等一系列问题，自 2010 年 10 月 1 日起施行。最高人民法院执行局负责人称，《规定》出台的目的是通过限制被执行人高消费，避免恶意逃债，最终迫使其主动履行义务，从而最大限度地保护申请执行人的合法权益，维护司法权威。由于中国的信用体系尚不健全等原因，一些被执行人一方面拒不履行生效法律文书确定的义务，另一方面又从事各种高消费行为。《规定》的颁布，为惩治“老赖”提供了明确的法律依据。

《规定》指明了限制高消费的对象、原则、范围、程序、法律责任等问题，确定了限制高消费的对象是有清偿能力但拒不履行义务的被执行人。凡是被执行人有拒不申报财产或者申报不实、拒不配合法院查找财产等消极履行的行为、规避执行的行为或者抗拒执行的行为，法院可以对其采取限制高消费的措施。

《规定》列举了八类禁止的高消费行为：

（1）乘坐交通工具时，选择飞机、列车软卧、轮船二等以上舱位；

（2）在星级以上宾馆、酒店、夜总会、高尔夫球场等场所进行高消费；

（3）购买不动产或者新建、扩建、高档装修房屋；

（4）租赁高档写字楼、宾馆、公寓等场所办公；

（5）购买非经营必需车辆；

（6）旅游、度假；

（7）子女就读高收费私立学校；

（8）支付高额保费购买保险理财产品。

其实，这是对债权人最大的伤害。那么，我们有没有另外一种方法解债，既不把债务人列为“老赖”打入“黑名单”，也不把对方告上法庭？

债务人与债权人之间会产生许多不愉快，甚至会有生命危险。而中金债事最大的功能便是把债权人和债务人从冤家变成亲家。因为债权人和债务人是最大的利益共同体，当出现债务无法消除时，再也不要互相伤害了。

3．解债，就要颠覆传统

中国广大中小企业底子薄弱，加之市场经济很多依靠关系，经营成本高、税费负担重、信息不对称等问题，随着中国经济的普遍下行，从 2014 年上半年开始，很多中小微企业及工商业主、个人就面临或已陷入债务危机，众多企业为寻求资金四处奔波，不再是求发展，而是图生存，陷入“拆东墙补西墙”的漩涡中难以自拔。

社会债务主要以企业债务为主，企业债务事件高发、频发，究其根源，除信息不透明、融资渠道少、融资成本高，以及债权、债务自由流通不畅外，三角债往往一环卡壳就成死结，债权回收难度大、周期长、坏账率高；更重要的原因是，企业的经营缺少一种良性产业生态支撑，出现问题时，债权人、债务人很难通过自身协商来解决问题。

从 2015 年开始流行的债行，打出了用精算模型减少、减除债务等口号，并提出了解决不良资产处置、库存房产盘活、消费产业链价值提升等办法来减债。

解债是对传统债行的颠覆。在谈中金债行之前，先谈几个概念：

（1）数字资产：数字资产是一切有价资产的数字化。其形式多样，如你的房子、存款、债务、信用记录、生活数据、秉异、技能、专利、文章，甚至是网购记录、名声、颜值等。需要记住的是，在数字经济时代，最重要的资产就是数字资产。

（2）区块链：区块链是分布式电子账本，它只能写、读，不能改、删。

（3）数字身份：数字身份，即把真实的身份 IP 化后放在数字账本上，随时随地可以上网查到。

（4）智能合约：智能合约是能够自动执行合约条款的计算机程序。当一个预先编好的条件被触发时，智能合约就会自动执行相应的合同条款。智能合约是任何人都可以使用的去中心化的系统。

清楚了上面的概念，再来看中金债行的运行原理。

资产可以计量，量化的资产可以根据市场的供需关系确定价格。资产一旦进入到交易中流通，价值就会发生变化，资产的升值与贬值，随着市场的供需关系发生变化，这是市场交易的基本规律。

在工业资本时代，大多数不能流通的资产会随着时间的流逝而减少价值，甚至变成负资产（债）。即便得到流通，但因受制于时空，交易范围也十分有限，从而决定了交易的频度有限、资产的增值有限。在流通中，边际效率越来越低，边际成本越来越高。

资产的数字化具有非凡的意义：这使资产的流动性，从物与物的直接交换，衍生到介质物的间接交换，从而打破了流动的边界，使流动的空间得到极大的提高。将数字资产、数字身份、区块链、智能合约结合到一起，就可将数字资产放到网络平台上进行流通，可用于交易、赠送、转让、出借、出租、抵押、出售等。

数字资产的流通，首先基于一个“节点”，一台计算机就是一个“节点”，成千上万个“节点”组成“一张网格”。数字资产在流通中其计算由网格进行，因此数据处理能力超强。在数字债行中，用网格对数字资产进行智能化数据处理和资产配置、调配（融资的主要目的是获得资源、资产及配置权），不仅速度极快，而且方案特优。

这是从世纪围棋人机大战中得到的启示：谷歌 AlphaGo 战胜世界围棋冠军李世石。AlphaGo 通过搜索+深度学习，每下一步棋都会经过数以万计的算法（超强的算法似乎没有天花板），每一步都坚定地走其认为价值最大的点（选取最优方案、自动智能化处理）。

这种数字资产虽然是虚拟的，但并非是海市蜃楼，其信息可靠、客观、可验证。在区块链上注册的数字资产，交易主体、交易时间、交易价格、交易数据不可篡改，永远可查。

在中金债事大系统中，数字资产的流通、交易，正是因为记录不可篡改，所以不用担心他人赖账，不用担心未曾谋面而失信。因为一旦失约，立即世人皆知，失信人无处遁形，他将在生意场上无法立足。在数字时代，信用对人具有无形、强大的约束力。

信息技术突破了传统的束缚，让数字资产穿越时空，在全社会畅行无阻地流通，这极大地增加了流动的便利性，能极大地提高成交频次，利用竞价，可减少交易成本、提高交易收益。使用越多，边际效率越高，边际成本越低。资产价值得到极大发挥，资产增值空间大大提高。数字资产的交易，只要紧跟用户的需求，不断改进产品的功能、提高服务质量，加深用户体验，增加新的价值，获得的收益可以十倍、百倍，甚至千倍于传统资产。

中金债行的主要作用如下：

一是清债、消债作用。债也是一种资产，形式多样的数学资产既可转化成债权，也可用之融资变成债务，债权、债务还可互相转换。当千万家创客的数字资产集中到数字债行中，登记到某种区块链上进行全社会流通、交易、经营时，不受时空限制、相对无限地供给会令其价值不断增加，不但可以盘活资产，甚至可众智，以货易债、股权置换、债务资本化、证券化……消债方式多样，但最重要的是价值增量成为清债、消债的最可靠保证。关于这一作用，系统的债行项目谈得较多，笔者在此就不再赘述了。

二是具有类融资的作用。企业融资，就是借钱。但企业融资的最终目的不是借钱，而是为了用借来的钱来购买相应的资源，如土地、设备、原材料、人力资本等，这些需要购买的资源是可以数字量化的数字资产。

需要融资的企业可以把自己的股权、信用、抵押、应收货款、债权、实物租赁收益等数字化，还可以把品牌、技术、专利、创意、服务、产品、劳务等数字化，转化成数字资产。

融资方有数字资产，其需购买的资源也是数字资产，数字资产与数字资产直接交换，融资方获得了自己所需要的资源，但却省去了借钱过程，这就是类融资。当有千万创客、企业参与到数字债行中来时，不管融资方需要什么资源，数字债行都可以进行调配，无须借钱，只需通过对双方的数字资产进行增减即可办到。类融资可以让所有有数字资产的自然人、法人主体都自由地加入进来，使融资更方便、方式更多样、地域更宽广。

解债绝不只是局限于对过往债事的处理，而是将一切与债务有关的债事处理、含融资、资源整合、资产配置尽收囊中。这相比传统债行有了本质区别，更具有无限大的空间，这是一个真正“海阔凭鱼跃，天高任鸟飞”的舞台。

解债方法一旦实现，不但可以改变传统企业融资难、融资贵的痛点，最重要的是营造了产业的生态环境，让全社会都能参与到扶持企业中来，并为企业提供全面的解决方案，彻底解决了传统企业过去往往只能依靠自身力量、独木难支、举步维艰的大问题。后者就是中国企业寿命平均不到三年的原因。超手、数字债行是产业互联网的入口，通过入口链接关联产业、社会，当全社会参与进来，形成产业生态支撑时，要钱有钱、要资源有资源、要技术有技术、要用户有用户，企业只需做好自己最擅长的，即可持续、健康地成长。

上述分享只限于数字债行最基本的原理、最主要的作用及最显形的社会效果。对于数字债行的前景，让我们打开脑洞，无限想象吧！

最后，产业互联网时代，也是数字经济时代，其如早晨初升的太阳，曙光初现，新的一天才刚刚开始。从信息互联网到消费互联网，再到产业互联网，发展趋势不可逆转，产业互联网必将颠覆传统，数字经济时代已经来临。

面对数字经济的到来，笔者想说的是：要赶上数字经济的这趟早班车，要立即行动起来。对于个人而言，这将是一个个人崛起、大放异彩的时代。传统经济是资本经济，是“市场—资本—雇人—满足市场需求”；数字经济时代，是共建、共享、共生、共荣。

对于企业而言，看清趋势，尽快转型升级。产业中的传统企业较之产业互联网企业，时空受限、信息迟缓、成本增加、效率低下，如果不改革、不与互联网融合，岂能不败？败是必然，不败是偶然。人的思维，怕就怕处在互联网时代，却用农业、工业思维来思考问题。

未来十年，是互联网与实体产业联姻的时代，是商业领域大规模变革的时代。来不及变革的企业，必定遭遇前所未有的劫数。传统企业只有融合互联网，才有未来，这就是传统企业的转型、创新之道。与时代为伍，不与趋势为敌，乃智者之选。

二、债事禅：改变债务思维

世间一切善事，皆为圆一个缘。

债事禅是一种智慧，觉悟债事思想。

债事禅是一种参透，参透债事本质。

债事禅是一种静虑，找到债事逻辑。

债事禅是一种精进，完善债事统筹。

债事禅是一种开光，散发正见光芒。

债事禅是一种功德，包容共生，皆大欢喜。

1. 珍惜债务，放下债务

债事禅理论为什么要看到债事本质？求知是事物发展的规律，求真是事物存在的规则，案例是求征，规律是求真。

有这样一则《还完债再走》的小故事，读起来让人很有感触：

小和尚救回一个轻生者。那人悠悠醒转，对方丈说："谢谢大师，但不必费力气救我，我已下定决心不再活了。今天不死，明天也还是要去了结的。"方丈叹了口气："我确实制止不了你。可是我想问问，你的债都还了吗？"

那人感到很奇怪："我虽然家境贫寒，但温饱尚可，并不曾借债。"

方丈缓缓开口："你的生命借自父母，你便欠下父母的债；你的吃、穿、用借自天地山川，你便欠下天地的债；你的知识和智慧借自先生，你便欠下先生的债。人这一辈子欠下的诸如此类的债真是太多了，你都偿还了吗？"

那人惶然说："如此说来，我确实欠下了债。可我并不知道如何才能偿还。"

方丈笑笑说："这有何难？只两字就足够了。"

那人迷惑了，口里说："请大师指点。"方丈又是轻轻一笑："'珍惜'二字而已。"

那人沉思了一会儿，朝方丈拜了几拜，转身出了寺门，精神抖擞地走了。

仔细想来，人生在世，一切债莫不如此，无一不是人们借由自己的信用和过往价值赢得的存在及体现。具体到物质方面的债务，则来自银行、他人或资产提供方。面对各种债，我们都可以像方丈那样用禅语来点拨因欠债想不开的人们。禅是人心，修禅是人心的修炼。债事者以"禅"的方法进行"心"的修炼，会极大地帮助他摒弃一切烦琐，抓住事情的本质。以禅的涵养，从根本上调和自利与利人的关系。"自利"的根本是在"利人"的前提之下，即经济效益存在于社会效益之中，而经济效益与社会效益是不可分割的"共命体"。用禅的方法，达到内心沉静，外表敦敬，提高定力，把握中道，解决"度"与"决策"的问题；并不断升华到"自利利人"、"己达达人"的"以人为本"的企业公益境界，和谐共赢，人格与道德修养即可完成。

债事禅就是求世界一切善事，愿天下无债之缘——天下没有收不回来的债，也没有还不掉的债务。更重要的是，求一种智慧，觉悟债事思想；求一种参透，透视债事本质；求一种静虑，找到债事逻辑；求一种精进，完善债事统筹；求一种开光，散发正见光芒，从而得一种功德，包容共生，皆大欢喜。

债事者可以通过禅的修炼，增强自我认知、自我觉察、自我反省、自我修正，用心工作、用心关怀、用心创造，随时打破局限、打破教条，掌握事物变化的规律，审时度势，制定和执行最佳决策。以清澈明了之心，洞悉商业经营本质，实现商道最高目标，达到 “内圣外王”的境界。

是时候重新审视自我、自我忏悔、认知真理了，重要的是放下过去的自我、放下之前的痛苦、放下内心的纠缠、放下内心的“债”，迎来生命新的曙光。

曾有一个案例，带给我们巨大的震撼。两家企业因为债务问题，其中一家把另一家告上了法庭，而法庭的传票通过直接送达没有送到，是通过公告的形式告知对方的。其实，债务对于一家企业而言是正常的，但这还不是重要的，关键是债务人与债权人是多年要好的兄弟，就因为一纸诉状，搞得两兄弟反目成仇。这就是因为债务人和债权人之间缺乏必要的沟通所造成的。后来，我们公司投入大量的精力、人力，才把此事摆平，而投入的大量精力、人力远远超过了债务。

许多企业因为数额有限的债务引发了大案件，成为压垮骆驼的最后一根稻草。此类案件还有很多。

天下无债的目标是让天下没有还不了的债，让天下没有解不开的债，而并不是让天下没有债务。

2．债是一种财富

债务就是财富，这是一个非常大的命题。当你欠下巨额债务时，应该从另一个方面去看待这个问题，把债看成一笔财富。

许多专家讲授的解债只是理论方面的东西，而笔者这里所讲的是多年实践得到的经验。所以，债事生活一定会拥有广阔的市场发展空间，因为其中存在大量的刚需。如同人生病了，就得去医院。而债事生活就是让债务人和债权人和谐相处，大家无须再如仇人一般相对，人们心平气和地坐在一起谈论如何解债，让许多欠债的人重拾人生的尊严。这就是笔者所说的为什么要找魂。而解债要从债务人自身开始，让其找到自身的佛，即我们失去了什么，需要找回来什么。这才是“众合”，即把所有债事集中到一起解决。

韩国前副总理曾在推行韩国经济开发政策时说过，负债也是一种资产。

世界零售业巨头沃尔玛集团的创始人山姆·沃尔顿在总结自己的成功秘诀时说，沃尔玛之所以获得如此迅速的发展，这和各个商场良好的销售业绩是分不开的，这是不可否认的事实。另外，活用银行贷款和就近招商也是沃尔玛成功的重要原因。据说山姆从年轻时就一直奉行这样的原则：如果向银行贷款，就要做到能贷多少就贷多少，甚至一度有过“拆东墙补西墙”的行为——用这个银行的贷款还另一个银行的贷款。

海航集团董事局主席陈峰曾在多个场合说过，“很多人没看懂海航”。

事实上，海航集团的家底并不宽裕。据 2011 年 12 月 1 日渤海租赁收购海航香港的报告显示，海航集团截至 2010 年年底净资产为 99 亿元，资产总额为 1 111.18 亿元，但负债总额却高达 868.6 亿元，资产负债率高达 78%。

偏居海南一隅、从 1 000 万元起步，“飞机翅膀都买不起”，到如今年收入已超 1 200 亿元，总资产超过 3 600 亿元的以航空为主业的大型企业集团——海航，被称为一个奇迹。

人们说，这只“巨无霸”之所以能够实现资产收入几何级增长，其关键秘诀是高度善用资本杠杆实现融资并购的路径，或称举债式生存模式。海航系几乎涉及了目前市场上可见的所有融资工具，且善于通过信托渠道进行融资方面的运作。以 2013 年媒体公布的海航方面独家提供的数据为例，集团的总体债务规模为 2 500 亿元左右，其中银行为 1 500 亿元，占比为 60%，票据加上信托为 500 亿元，债券为 300 亿元，融资租赁、有限合伙基金等其他渠道融资为 200 亿元。

大规模的融资行为，撬动了海航系规模化扩张的资本。人们形象地将其称为负债式的生存模式、“八爪鱼”式并购扩张。

仅在 2009—2011 年三年间，海航集团在国内市场至少斥资近百亿元大举收购，包括上市公司金海重工、九龙山及借壳上市的渤海租赁，还有超市、地产、保险等。而在国际市场上，海航集团越来越像一个“大型国际投资者”，除购买 38 架波音高端客货飞机外，其收购目标更是包括匈牙利航空公司、土耳其航空公司、GESeaCo、法兰克福建筑公司机场资产及高端连锁酒店集团安缦居、NH 酒店公司，涉及金额高达数百亿元。

海航系版图中主要有 8 家上市公司，其中 A 股上市公司有 7 家，分别为海南航空、渤海租赁、西安民生、易食股份、海岛建设、*ST 九龙和 S 天海，海南美兰机场在中国香港联交所主板挂牌交易。而对这些上市公司的控制，一项核心意义在于，提供企业与资本市场对接的通道，当然外界也不免视之为给海航提供“造血资金”的重要来源之一。

不难看出，债务其实是一个非常好的理财工具，债务的杠杆作用可以让我们撬动更大的财富。

负债并非想象中那么可怕，合理消费、合理负债就能让债务为我们所用，从而帮助我们真正走上富裕之路。笔者身边有一个朋友，生完孩子后想在市区换一所大房子。其家境富裕，可以用现金一次性付款，不过最终还是选择了按揭贷款买房。

我们算笔账，假设这所房子总价为 150 万元，首付为 30%，即 45 万元，贷款为 105 万元，贷款周期为 30 年。按照 2015 年最后一次央行调整的基础利率 1.1 倍（5.93%）计算，等额本金方式还款总额约 190 万元，利息约 85 万元，首月还款额为 7 632 元，每个月递减，直到还清。

这个朋友和她老公两人月薪都上万元，承担这样的债务简直是小菜一碟。

她手上的 105 万元可投资于固定收益的理财产品，年化利率只要高于贷款的相应利率即可赚钱。

其实个人觉得持有现金能保障资金的流动性和自身财务安全。试问自己，既然有能力以这么低的利率向银行借到钱，当然是借越多、越久越好了。

从银行能借到的钱越多，实现的财务自由度也就越高。

3. 咖啡债行，回归初心

《中庸》中讲到："素富贵，行乎富贵；素贫贱，行乎贫贱；素夷狄，行乎夷狄；素患难，行乎患难。君子无入而不自得焉。"

在贫贱富贵之中的自由自在，就是一种超然的淡定。作为一名企业家，在手握巨大财富的得意之时淡然，在面对巨额债务的失意之时坦然。心不要为债事所累，只有这样，才能从焦虑、疯狂、急躁中解脱出来。

笔者把现在的债行叫作咖啡债行，目的是想让债权人和债务人在相对温馨、安静的环境中，大家一边喝咖啡，一边能够各取所需，在一种特别愉快的状态中把债务解决掉，而不是像以前那样搞得像仇人一样。

咖啡债行不是离开债事生活，而是改变对债事的态度；不是抛弃债事的责任和义务，而是如何最快、最好地解债，不失衡、不迷惑、不怨叹、不计较；不是让我们没有情感，而是心怀一种大情感，心生慈悲宽容，包容共生，皆大欢喜，随喜功德。

三、重拾做人的尊严

1. 直面债务：赢取人生新的辉煌

人生总有起落，大不了卷土重来。谈到“不抛弃、不放弃”的“绝地反击”，根本绕不开中国历史上的一个传奇人物——史玉柱，他的人生曾在巅峰与绝境中轮转，他的故事几经风雨、沉沉浮浮，催人泪下、振奋人心。更重要的是，他用行动绝佳地诠释了直面债务是一种美德，并借此重新站了起来。

史玉柱 1984 年从浙江大学数学系本科毕业后，分配至安徽省统计局工作。1989 年深圳大学软件科学系（数学系）研究生毕业，随即下海创业。1992 年在广东省珠海市创办珠海巨人高科技集团。1994 年投资保健品，第一个产品是“脑黄金”。1994 年年初，巨人大厦动工，计划 3 年完工。同年，史玉柱当选中国十大改革风云人物。1995 年，史玉柱被《福布斯》列为内地富豪第 8 位，党和国家领导人多次到其企业视察并接见他。1997 年年初，巨人大厦资金告急，未按期完工，巨人集团欠债 2.5 亿元，公司名存实亡。史玉柱凭借巨人汉卡和脑黄金迅速飞腾，然后因巨人大厦而迅速坠落。

2000 年，史玉柱在央视《对话》栏目中表示：老百姓的钱，我一定要还。同时，还提出了还钱时间——2000 年年底。

巨人集团的债务主要由这么几部分组成：在中国香港所卖的楼花、在中国大陆所卖的楼花以及国内法人间的债务，涉及金额分别是 9 000 多万元人民币、5 000 多万元人民币和 1 亿元人民币。2000 年上海健特仅在上海徐汇地区的纳税额就高达 1.04 亿元，2001 年脑白金销售额达 10 多亿元人民币。有了雄厚的经济实力，史玉柱开始了还款行动，具体做法是通过第三方珠海市士安有限公司收购巨人大厦楼花。2001 年上半年，“史玉柱”再一次成为全国上下、大江南北曝光率极高的名字之一。凭着还钱的举动，史玉柱还成功当选中央电视台评出的“2001 年央视十大风云人物”，一时更是声名鹊起。到 2001 年年底，史玉柱终于还清了所有债务。

史玉柱的还钱举动可谓是一举多得：首先，洗刷了巨人的耻辱；其次，为史玉柱重新树立了信誉形象，不至于背着污点做事；最后，间接地宣传了健特。

“脑白金”的热销，“黄金搭档”的推出，清偿欠债的行动，都宣告着“巨人”再一次崛起。也许电视剧、电影中经常会有亿万富翁变成穷光蛋又重新成为富翁的故事，一个叱咤风云的人物一下子变得人人敬而远之、避之唯恐不及，又在某一次机遇中站起来，再次成为轰动一时的人物。

这些都是故事，而史玉柱却将这些传奇故事活生生地上演了，他从一个巅峰跌入谷底，又从谷底爬起来，再次到达巅峰，身价由几亿元到欠债几亿元，然后又起死回生，身价增至几百亿元。面对沉重的债务压力，他没有屈服和放弃，对成功与失败的参悟、对自身的反省，使他人生再创辉煌。

当债务已经形成时，出逃或跑路必然不是好的选择，一则企业破产，银行叫苦，资产流失，困扰经济，坑害百姓，再者自杀，家破人亡；而选择面对自己的债务，积极勇敢地寻找创新改革来发展自己的企业，最终会走上一条更加强大的道路。

面对债务，跑路还是直面，决定了企业生还的希望及领导日后的人生道路：有的企业经营陷入困境，简单地通过清算终结企业生命，引发其他经济和社会问题；有的企业勇于面对，借助重组脱离债务困境；有的企业集众合力量，灵活运用重整制度，有效盘活企业，最大限度保护各方利益，为企业赢得重生的机会，消除影响社会稳定的隐患。

2. 负债不可怕，可怕的是成为“债盲”

债务本身并没有错误。

没有还不了的债，只有不会还债的人，对待债务的关键在于我们是否具备驾驭和运用债务的能力。

那年，他辞去了令人羡慕的银行工作，后来又不顾家人、朋友阻挠，用全部积蓄接手了一个负债 300 万元的企业。他说：“那时我每天带着手机，骑着摩托车到处跑，有时一天要跑十几个部门。那段时间虽然很累，但却很充实，几年下来，我的人际交往能力有了很大的提升，也对房地产行业有了很深刻的了解。”

在刚刚接手这家负债企业的那几年时间里，他是一个货真价实的“负翁”。在最初的三年时间里，他甚至做梦都在想如何还清公司所欠的债务。在那段时间里，他四处给公司招揽工程，还拼命降低办公成本，但依然收效甚微。中间曾无数次想退出，但想到已经为之投入的精力，就打消了这个念头，决定继续坚持。

那一年，一件发生在工地的小事改变了公司的命运。公司成立初期，他主要以拉工程并承包给包工头，通过定期收取管理费的方式来实行运营。由于旗下的包工头偷工减料被客户发现，客户要求换包工头。就在谭卫东一筹莫展之际，客户一句“你手下这么多人，为什么不自己来做这个项目呢？”让他茅塞顿开，当即就决定调整公司的主营业务。

第二天，他辞退了包工头，并用了一个月的时间来清理现场，组织人员和相关的材料。经过 2 个月的紧张施工，团队顺利完成了这项工程，并获得了客户的肯定，他也借此赚到了人生的第一桶金。之后，他凭借前几年在房地产行业攒下的人脉，公司先后承接了数十个工程项目，在 5 年的时间里顺利还清了债务，公司也得到了快速发展。

其实，现实生活中的我们何尝不是如此，我们往往也陷入“穷而无志”的状态，任消极和懒惰肆虐我们的血肉，慢慢吞噬掉我们做人的尊严。

但总有一部分人会率先唱响觉醒曲，认识的人中有的发奋读书，考取了清华、北大，走出大山开阔格局；有的人从一份平时的工作中掌握赚钱的技能；有的人好学钻研、冥思苦想，从不经意间挖掘商机；有的人擅长规划财富，以债抵债、积少成多，活水源头钱生钱……最终，他们无一不是拥有了财富和地位，获得了尊严！努力的人就是这般让人敬畏。

如果想得到不一样的人生，重拾做人的尊严，就必须拥有让人信服的条件，包括特质、素养、情操和意志，而这些都要靠自己去创造。

负债给很多人带来了噩梦，因为它，有人妻离子散；有人背井离乡、东躲西藏；有人遭遇官司诉讼；有人精神失常、丧心病狂；有人跳楼自杀、家破人亡……很多负债的人觉得自己颜面扫地，不敢见人，戴着帽子、墨镜，甚至不敢在白天出门，不敢接电话，负债让他们彻底没有尊严，他们过着孤独、寂寞、苦楚的生活。如果我们能正确认识和处理债务，就可以避免许多人间悲剧。一个从事服饰行业的朋友因债务跳楼，留下了价值高达 6 个多亿的资产。人们不知道，他跳楼其实只是因为 500 万元的债务。他其实完全可以用他的资产还债，但是债务的迷途使得他迷失了方向，不知所措，陷入了思维的绝境中，根本无暇顾及是否有好的出路。

负债不可怕，可怕的是成为“债盲”，不清楚该如何正确对待债务，不能够清理自己的债务，不懂得清理债权人、清理资产、厘清思路。现在，债务成为我们日常生活当中不可或缺的一部分，

我们应该正确认识债务，善于把债务为我所用，学会拥抱债务，让债务臣服于我们，使债务成为我们的资产而不是负担。

禅宗六祖慧能那首著名的诗偈："菩提本无树，明镜亦非台。本来无一物，何处惹尘埃"。心本来是清净的，放下分别心、是非心、得失心、执着心，放下贪嗔痴，不绝望于人生的苦，也不执着于人生之乐，还真心的清净本性，获得真正的自然安宁、惬意、舒适、安逸。

如果放不下，心就小了，所有的小事就都大了；如果放下了，心就大了，所有的大事就都小了。

把"心"放下，把债放下，清心、净心，坦然地直面债务，认真地经营好自己的人生，这样我们才能重拾做人的尊严，过上自己想过的生活。

3. 正视法律中的伦理

在特定的社会关系背景下，伦理是社会意识经过长期形成的一种调节人与人、人与社会之间关系的一种行为制约的规范。在对社会大众进行普遍约束的同时，具有调节和评价、认识和教育以及平衡几大功能。与法律的强制性不同，伦理是长期在人们受到外界压力及自身情感体验的基础上发生的，在规范社会行为的时候，两者相辅相成，共同属于精神文明的范畴。在不同的时代背景下，法律和伦理的运用也各有其侧重点。在动乱的年代，伦理要靠严法来促进；在和平的年代，伦理是法律的基础。现在，虽然法律和伦理相对独立，然而将积极的伦理标准运用到有关的行为准则中却体现了两者在内容上的趋同。比如，商业中不正当竞争、尊老爱幼、诚实守信等原则都是如此。同时，伦理中消极的一面，比如贪污受贿、闯红灯、诈骗等，都体现了法律与伦理约束在内容上的趋同。

在现代生活中，合法的但是有悖于社会伦理的现象非常多。比如婚外情、炒房、公交车不让座等，在法律中都没有相关的规定，但却是社会伦理难以接受的。

近年来，在各类人群比较密集的公共场所，小偷非常多，因此，一些民间的群众自发地抓小偷，进行反扒，维护他人的权益，这在伦理中被称作“人民英雄”，广受群众好评。但是这种行为却是违反法律规定的，因为这些自发进行反扒的“人民守护者”没有相关执法权。有的群众抓到小偷以后对其进行私自处置，这样的行为在法律规定中已经构成了犯罪。此外，包括有的父母在管教忤逆的子女时，使用不合法但却被人称道的方法等，这些现象都是违法或犯罪行为，然而却很少会受到伦理的谴责，甚至更惹人同情。

法律和伦理规范标准的差异是导致两者冲突的重要原因之一。正因为伦理在规范人们行为时注重人的内心世界，可以说是一种情感的体验，相对更为人性化；然而法律规范却注重对人外在行为表现的规范，对人性化的关怀很少，是一种要求人人都做合法公民、做行为方面平等人的规范。伦理在这方面有所不同，因为每个人的经历不同，自然情感的体验也会不同，觉悟水平也就有所差异。所以，在我们的文化中，伦理的标准是要求各个阶段的人共同追求一种超凡脱俗的“圣人”境界。这就导致有的立法对于人的要求太高，部分人根本做不到，从而出现违法的情况。

加强法律和伦理之间的互动与耦合，对于促进法治进程中的冲突能起到良好的效果。也就是说，在社会道德水平走低、行为没有秩序等情况多发时，加强法律的约束，促进精神文明的建设。比如，国外对于见死不救等情况有法律规定的惩处措施。严法促进精神文明建设的同时，法律也应该通过不断深入的汲取伦理方面的内涵，使立法更加完善，执法手段更加齐全。如果法律与伦理之间不能进行有效的互动和耦合，对于社会生活的稳定和支撑将造成严重影响。因此，应当在弘扬伦理道德的基础上，进一步完善立法、执法等方面的内容。

第五章

“互联网+”时代的债事生态链：让负债者重生

“菩提本无树，明镜亦非台。本来无一物，何处惹尘埃”。心本来是清净的，放下分别心、是非心、得失心、执着心，放下贪嗔痴，不绝望于人生的苦，也不执着于人生之乐，还真心的清净本性，获得真正的自然安宁、惬意、舒适、安逸。

如果放不下，心就小了，所有的小事就都大了；如果放下了，心就大了，所有的大事就都小了。

一、债务困局的破解之道

什么是债务困局？

债权人想要收债，方法用尽却收不到；债务人想要还钱，却没有能力还；债事者既有债权又有债务，无法平衡；债务人资不抵债；债务人有大量资产却无法盘活；债务人有良性资产却遭遇资金链断裂；债务人失踪、坐牢……

传统解债犹如饮鸩止渴：扩大投资难以盈利，加大力度催债双输；赌性试错雪上加霜，社会方式暴力涉黑，借新还旧推高债务，法律诉讼积案太多。直接的结果是：猎杀了大批的企业，摧毁了脆弱的民营经济。留下的状况不过是：大多数企业家不是在被追债就是在讨债的路上。

债务困局真的没有更好的破解之道了吗？在大数据时代，许多问题通过云计算可以迎刃而解，债务问题也指日可待。

1. 大数据时代的“互联网+债事”

国际数据公司（IDC）的研究表明，2008 年全球产生的数据量为 0.49ZB，2009 年的数据量为 0.8ZB，2010 年增长为 1.2ZB，

2011 年的数据量更是高达 1.82ZB（1ZB=10 万亿亿字节），相当于全球每人产生 200GB 以上的数据。而截至 2012 年，人类生产的所有印刷材料的数据量是 200PB，全人类历史上说过的所有话的数据量大约是 5EB。2014 年谷歌公司高级副总裁兼法律总顾问 Kent Walker 指出，截至 2000 年，人类仅存储大约 12 EB 的数据，但现在，我们每天产生 2EB 的数据。过去两年的时间里产生了世界上 90%以上的数据。

大数据到底有多大？一组名为“互联网上一天”的数据告诉我们，一天之中，互联网产生的全部内容可以刻满 1.68 亿张 DVD；发出的邮件有 2 940 亿封之多（相当于美国两年的纸质信件数量）；发出的社区帖子达 200 万个（相当于《时代》杂志 770 年的文字量）……

“大数据”时代已经来临，在商业、经济及其他领域中，决策将日益基于数据和分析做出，而并非基于经验和直觉。阿里巴巴创始人马云认为：“人类已经从 IT 时代走向 DT 时代，IT 时代以自我控制、自我管理为主，而 DT（Data Technology）时代，以服务大众、激发生产力为主要技术。”他认为，未来数据是一种生产资料，数据开启了一个新的能源时代。“我们其实正在进入一个新的能源时代，这个时代的核心资源已经不是石油，而是数据。”

哈佛大学社会学教授加里·金说：“这是一场革命，庞大的数据资源使得各个领域开始了量化进程，无论是学术界、商界还是政府，所有领域都将开始这种进程。”正如肯尼思·库克耶和维克托·迈尔·舍恩伯格在《大数据时代》书中所指出的，大数据带来的信息风暴正在变革我们的生活、工作和思维，大数据开启了一次重大的时代转型。作者认为，数据的方式发生了 3 种变化：

第一，人们处理的数据从样本数据变成全部数据。在这样一个有足够强大的数据搜集和数据处理能力的时代，样本不再是万分之一，而转变成了“样本=全部”。样本，就是万分之一万，技术使得我们进入全样本时代。第二，由于是全样本数据，人们不得不接受数据的混杂性，而放弃对精确性的追求。第三，人类通过对大数据的处理，放弃对因果关系的渴求，转而关注相互联系。大数据时代最大的转变就是，放弃对因果关系的渴求，取而代之的是关注相关关系。也就是说，只要知道“是什么”即可，而不需要知道“为什么”。

大数据已经成为一种新的经济资产类别，就像货币或黄金一样。这意味着，数据资产正在当仁不让地成为现代商业社会的核心竞争力，用数据挣钱才是企业未来真正的核心所在。一则故事很能说明这一点。

某必胜客店的电话铃响了，客服人员拿起电话。

客服：必胜客。您好，请问有什么需要我为您服务？

顾客：你好，我想要一份……

客服：先生，烦请先把您的会员卡号告诉我。

顾客：16846146***。

客服：陈先生，您好！您住在泉州路一号 12 楼 1205 室，您家电话是 2646****，您公司电话是 4666****，您的手机是 1391234****。请问您想用哪一个电话付费？

顾客：你为什么知道我所有的电话号码？

客服：陈先生，因为我们联机到 CRM 系统。

顾客：我想要一个海鲜比萨……

客服：陈先生，海鲜比萨不适合您。

顾客：为什么？

客服：根据您的医疗记录，你的血压和胆固醇都偏高。

顾客：那你们有什么可以推荐的吗？

客服：您可以试试我们的低脂健康比萨。

顾客：你怎么知道我会喜欢吃这种的？

客服：您上星期一在国家图书馆借了一本《低脂健康食谱》。

顾客：好。那我要一个家庭特大号比萨，要付多少钱？

客服：99 元，这个足够您一家六口吃了。但您母亲应该少吃，她上个月刚刚做了心脏搭桥手术，还处在恢复期。

顾客：那可以刷卡吗？

客服：陈先生，对不起。请您付现款，因为您的信用卡已经刷爆了，您现在还欠银行 4 807 元，而且还不包括房贷利息。

顾客：那我先去附近的提款机提款。

客服：陈先生，根据您的记录，您已经超过今日提款限额。

顾客：算了，你们直接把比萨送我家吧，家里有现金。你们多久会送到？

客服：大约30分钟。如果您不想等，可以自己骑车来。

顾客：为什么？

客服：根据我们CRM全球定位系统的车辆行驶自动跟踪系统记录，您登记有一辆车号为SB-748的摩托车，而目前您正在解放路东段华联商场右侧骑着这辆摩托车。

在大数据时代，传统的商业思想正在被颠覆，我们需要用大数据思维来改变我们旧的商业思想。历来的商业变革都是由思维方式的转变开始的，旧的经济体制和传统的商业理念在面临新的商业思维逻辑时，如果不能与时俱进，及时吸收新技术、新理念形成新思维，使企业顺应社会发展潮流顺势发展，那么貌似强大的体魄反而变成了企业前进的累赘。这种新思维颠覆巨头的案例最先发生在信息技术的传统领域，然后渗透到传统的商业领域。原来的手机巨头诺基亚的轰然倒塌让许多人唏嘘不已。

云计算与大数据之间是相辅相成、相得益彰的关系：大数据进行挖掘处理需要云计算作为平台，而大数据涵盖的价值和规律则能够使云计算更好地与行业应用结合，并发挥更大的作用。云计算将计算资源作为服务支撑大数据的挖掘，而大数据的发展趋势是对实时交互的海量数据查询、分析提供了各自需要的价值信息。云计算与大数据的结合可以成为人类认识事物的新工具，尤其是对共性规律的掌握。过去人类首先认识的是事物的表面，通过因果关系由表及里，由对个体认识进而找到共性规律。现在云计算和大数据结合，就可以利用高效、低成本的计算资源分析海量数据的相关性，快速找到共性规律，加速人们对于客观世界有关规律的认识。数据不难获得，重要的是处理能力和思想。利用

“大数据”手段提供搭载债务链，通过云计算比对发现债务之间的联系，从而提供对冲减债的服务，成为一种跨时代的创新性方式。

大数据思维的基础是互联网思维，这是相对于工业化思维而言的，它创造了一个新的生态系统，开启了一个新的时代。按照专家们的解释，互联网思维就是“充分利用互联网的精神、价值、技术、方法、规则、机会来指导、处理、创新、工作的思想。”“互联网+”是互联网思维的实践成果，推动经济形态不断地发生演变，从而带动社会经济实体的生命力，为改革、创新、发展提供广阔的网络平台。“互联网+”代表的是一种新的经济形态，即充分发挥互联网在生产要素配置中的优化和集成作用，将互联网的创新成果深度融合于经济社会各领域之中，提升实体经济的创新力和生产力，形成更广泛的以互联网为基础设施和实现工具的经济发展新形态。作为创新 2.0 下的互联网发展新形态、新业态，“互联网+”具有跨界融合、创新驱动、重塑结构、尊重人性、开放生态和连接一切等特点。2015 年 9 月，经李克强总理签批，国务院印发《促进大数据发展行动纲要》(以下简称《纲要》)。《纲要》提出推动产业创新发展，培育新兴业态，助力经济转型。《纲要》明确，推动大数据发展和应用，在未来 5～10 年打造精准治理、多方协作的社会治理新模式，建立运行平稳、安全高效的经济运行新机制，构建以人为本、惠及全民的民生服务新体系，开启大众创业、万众创新的创新驱动新格局，培育高端智能、新兴繁荣的产业发展新生态。

例如，中金债事大系统是中国首家“互联网+债事”生态服务平台，是专门为政府、企业和个人债事生活搭建的创新综合性服务平台。我们的“互联网+债事”不是简单的两者相加，而是利用信息通信技术以及互联网平台，让互联网与债事有关的各环节、各项业务进行深度融合，帮助陷入债务困局的个人、企业和政府解决燃眉之急的一种新兴产业业态。它旨在运用新思维、新理念、新方法、新途径，采用大数据、云计算，通过债务链闭合、兑换、对冲、置换等方法，为陷入负债困局的债事者，实现债务减少、减除。它创造了“债不一定亲自还，债不一定用钱还，债不一定足额还”的解债新模式。

债务问题十分复杂，涉及一系列重大的利益关系，涉及企业、政府、个人等利益主体，数据量宏大，非功能强大的云计算大数据中心不能完成如此繁重的任务。为建设一条完整的债事大系统链条，保障中国首家“互联网+债事”生态服务平台安全运行，中国第一个债事大数据云计算中心已由中新房集团、中金债事集团有限公司联袂建造。债事大数据云计算中心投资 50 亿元人民币，项目坐落于沈阳棋盘山风景区，占地 80 亩，共容纳 12 000 台机柜，出口带宽 3T（可扩容），共有 35 个功能区，将担负全国债事信息的采集、分析、链接、处理等功能。其开发完成，对于中金债事具有里程碑意义。

2．债务链搭建：让不可能成为可能

债务不论多与少，主要看债务人是否具备驾驭和运用债务的能力。运用得好，四两拨千斤，可以撬动更大的财富，让债务人实现跨越式的发展。有些债务因为债务人死亡或企业破产倒闭等原因，成为债务死局；而有些债务是良性的，只是企业短期的资金周转困难，或三角债等原因造成企业“压力山大”。通过建立债事大系统，采用云计算，我们可以搭建全球各地债权人、债务人

之间的债务关系链，将所有债务关系人的商品和债务统筹起来，以达到信息对称，然后利用大数据获取最精准的供需关系，寻找最佳需求方，运用物品、股权等有形或无形资产来抵消或对冲债务，帮助陷入困境的企业或个人摆脱债务危机。

债务关系链搭建是将“债权债务链”结合“法律链”的债务价值交易债事，是以债务价值兑换对冲合约交易方式获取融资的一种新渠道，是以债务链闭合减少、减除债务的合约交易的逆向融资方式，是以负债链整体为依据、债权债务的法律关系为核心、以负债价值为依托的合约方式交易。

在金融学上，“对冲”指特意减低另一项投资的风险的投资，是一种在减低商业风险的同时在投资中获利的手法。一般对冲是同时进行两笔行情相关、方向相反、数量相当、盈亏相抵的交易。其中，行情相关是指影响两种商品价格行情的市场供求关系存在同一性，若供求关系发生变化，同时会影响两种商品的价格，且价格变化的方向大体一致。方向相反指两笔交易的买卖方向相反，这样无论价格向什么方向变化，总是一盈一亏。当然，要做到盈亏相抵，两笔交易的数量大小须根据各自价格变动的幅度来确定，大体做到数量相当。债务资产对冲的作用在于借助大数据支撑，利用债事池中存在的债权债务等债务资产进行对冲操作，相互抵消，以此减少债务，解决债务。

债务链搭建示意图如图 5-1 所示。

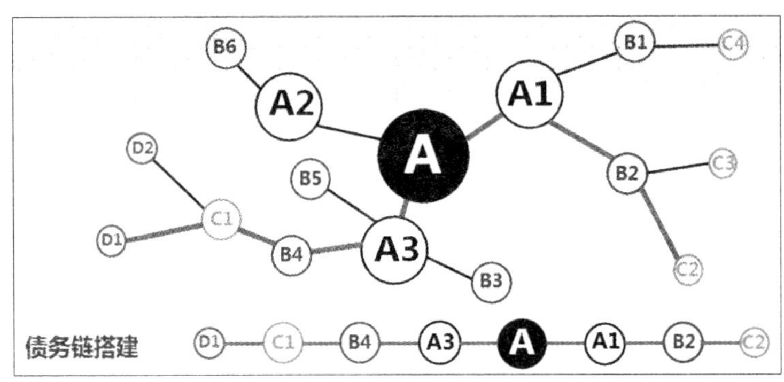

图 5-1 债务链搭建示意图

等额链条债务链模型如图 5-2 所示。

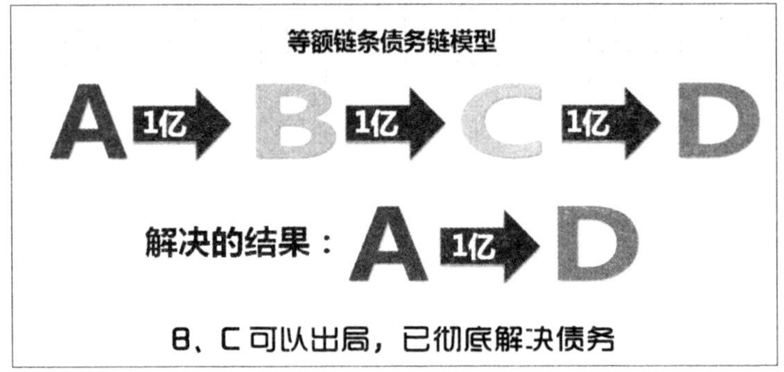

图 5-2 等额链条债务链模型

在图 5-2 中，A 欠 B 1 亿元，B 欠 C 1 亿元，C 欠 D 1 亿元。

这种是单向等额负债链，负债总量为 3 亿元。

假定目前经济下行，生意难做，既挣不到钱，又收不回账，无法解决债务，陷入负债死局。

通过为 A、B、C、D 搭建负债链，B 把 A 转债给 C，C 把 A 转债给 D，B、C 瞬间解除债务，只剩 A 欠 D 1 亿元。这个过程无须用钱，整体解决只是搭建一个债务链，消除 B 和 C 的债务共 2 亿元。

这是炎热小镇慵懒的一天。太阳高挂，街道无人，每个人都债台高筑，靠信用度日。这时，从外地来了一位有钱的旅客，他进了一家旅馆，拿出 1 000 元放在柜台，说想先看看房间，挑一间合适的过夜。就在此人上楼的时候，店主抓起这 1 000 元，赶紧跑到隔壁屠夫那里支付了他欠的肉钱。屠夫有了 1 000 元，马上横过马路付清了猪农的猪本钱。猪农拿了这 1 000 元，立即出去付了他欠的饲料款。卖饲料的老板转身又把这 1 000 元拿去付了欠下的运费。这位跑运输的老兄，赶忙去付清他召妓的钱（经济不景气，当地的服务业也不得不提供信用服务）。有了这 1 000 元，这名妓女冲到旅馆付了她所欠的房钱。旅馆店主忙把这 1 000 元放到柜台上，以免旅客下楼时起疑。此时，旅客正下楼来，拿起这 1 000 元，声称没一间满意的，于是把钱收进口袋走了……这一天，在整个过程中，小镇似乎什么都没发生，没有人失去什么东西，也没有人得到什么东西，但全镇的债务都还清了，大家很开心。

这是典型的精算思维案例，是一种等额闭环债务链模型（见图 5-3），它是事实存在的一种内在规律。虽然在现实生活中，不太可能发生这种情况，同时在操作中要规避某一个环节脱节，才能圆满实现解债，否则旧债难解还添新债，而且我们凭人工无法找到这种规律。但我们通过大数据、云计算技术，构建债事大系统，将全国、全世界的各种债事信息都备案到系统里，那么通过大数据的相关分析，我们就能找到各种债务关系来解决债务问题。

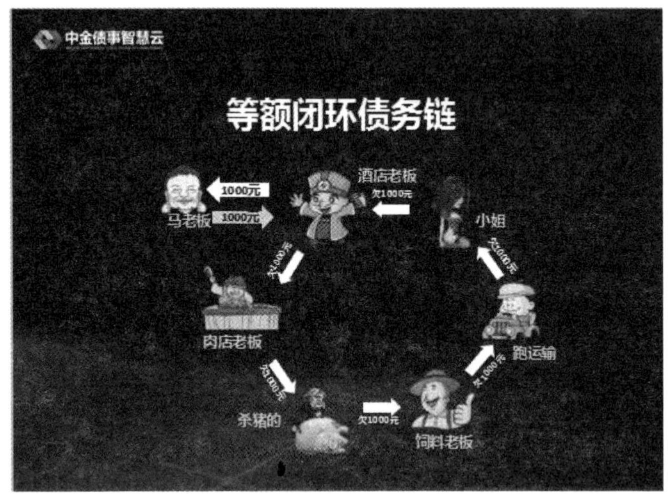

图 5-3　等额闭环债务链模型

这个案例体现了这样几个要素：大数据、债务链、以债还债；债不一定用钱还，债不一定亲自还。

差额链条债务链模型如图 5-4 所示。

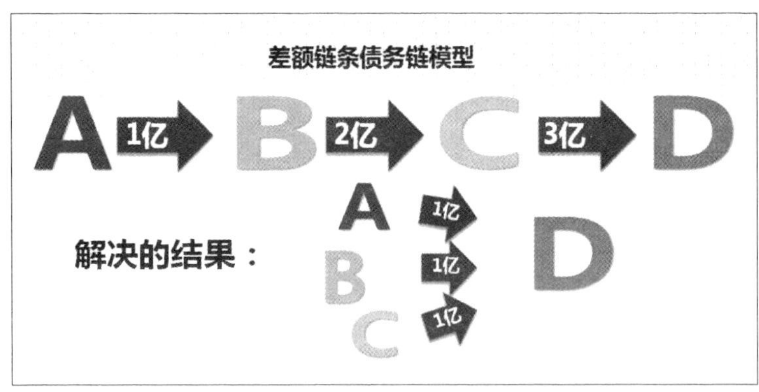

图 5-4　差额链条债务链模型

在图 5-4 中，A 欠 B 1 亿元，B 欠 C 2 亿元，C 欠 D 3 亿元。

这种是单向不等额负债链，负债总量为：6 亿元。

假定目前经济下行，生意难做，既挣不到钱，又收不回账，无法解决债务，陷入负债死局。

通过为 A、B、C、D 搭建负债链，B 把 A 转债给 C，C 把 A、B 转债给 D，结果变成：A 欠 D 1 亿元，B 欠 D 1 亿元，C 欠 D 1 亿元。

这个过程无须用钱，只是搭建一个债务链，减少 B 和 C 的债务，负债总额从 6 亿元变成 3 亿元，减少债务共 3 亿元。

差额闭环债务链模型如图 5-5 所示。

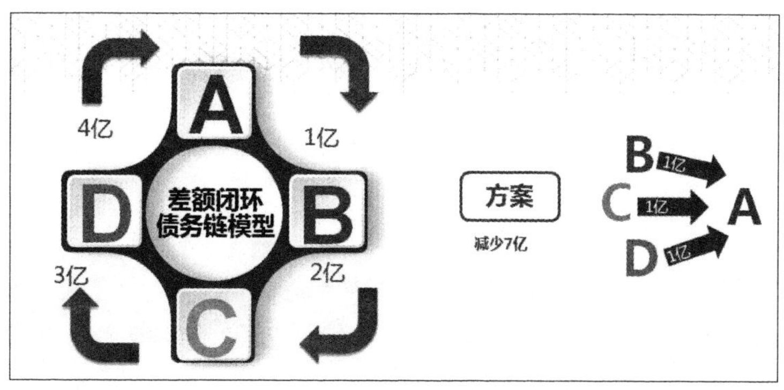

图 5-5 差额闭环债务链模型

在图 5-5 中，A 欠 B 1 亿元，B 欠 C 2 亿元，C 欠 D 3 亿元，D 欠 A 4 亿元。

这种是闭环不等额负债链，负债总量为 10 亿元。

假定目前经济下行，生意难做，既挣不到钱，又收不回账，无法解决债务，陷入负债死局。

通过为 A、B、C、D 搭建负债链，第一步闭合，清空 A 的 1 亿元债务；第二步转移，结果变成：B 欠 A 1 亿元，C 欠 A 1 亿元，D 欠 A 1 亿元。

整个过程无须用钱，只是搭建一个债务链，减少 B、C、D 的债务，合计减少 7 亿元，负债总额从 10 亿元变成 3 亿元。

二、有钱存银行，有债存债行

世界上有阴就有阳，有相生就有相克！

银行也是一种生活方式，有钱存银行！

债行也是一种生活方式；有债存债行！

银行和债行是金融的一体两面。

1. 债行的假设

债行对应的银行是依法成立的经营货币信贷业务的金融机构，是商品货币经济发展到一定阶段的产物。它的存在方便了社会资金的筹措与融通，是金融机构中非常重要的一员。

“银行”一词，源于意大利语 Banca，其原意是长凳、椅子，是最早市场上货币兑换商的营业用具。转化为英语是 Bank，意为存钱的柜子，早期的银行家被称为“坐长板凳的人”。在我国，之所以有“银行”之称，则与我国经济发展的历史相关。在我国历史上，白银一直是主要的货币材料之一。“银”往往代表的就是货币，而“行”则是对大商业机构的称谓。把办理与银钱有关的大金融机构称为银行，最早见于太平天国洪仁玕所著的《资政新篇》。

银行是商品货币经济发展到一定阶段的产物。它的产生大体上分为三个阶段：

第一阶段，出现了货币兑换业和兑换商。

第二阶段，增加了货币保管和收付业务，即由货币兑换业演变成货币经营业。

第三阶段，兼营货币保管、收付、结算、放贷等业务，这时货币兑换业便发展为银行业。

最早的银行业发源于西欧古代社会的货币兑换业。最初货币兑换商只为商人兑换货币，后来发展到为商人保管货币，收付现金、办理结算和汇款，但不支付利息，而且收取保管费和手续费。随着工商业的发展，货币兑换商的业务进一步发展，他们手中聚集了大量资金。货币兑换商为了谋取更多的利润，利用手中聚集的货币发放贷款以取得利息，于是货币兑换业就发展成为银行了。

近代银行产生于中世纪的意大利，由于威尼斯特殊的地理位置，使它成为当时的贸易中心。1580 年，威尼斯银行成立，这是世界上最早的银行。此后，1593 年在米兰、1609 年在阿姆斯特丹、1621 年在纽伦堡、1629 年在汉堡以及其他城市也相继建立了银行。最早出现的股份银行是 1694 年成立的英格兰银行。到 18 世纪末 19 世纪初，规模巨大的股份银行纷纷建立，成为资本主义银行的主要形式。随着信用经济的进一步发展和国家对社会经济生活干预的不断加强，又产生了建立中央银行的客观要求。1844 年改组后的英格兰银行可视为资本主义国家中央银行的鼻祖。

在我国，明朝中叶就形成了具有银行性质的钱庄，到清代又出现了票号。第一次使用银行名称的国内银行是“中国通商银行”，成立于 1897 年 5 月 27 日。最早的国家银行是 1905 年创办的“户部银行”，后称“大清银行”；1911 年辛亥革命后，大清银行改组为“中国银行”，一直沿用至今。

银行作为信用中介，一方面充当贷款人和借款人的中介，以吸收存款的方式，把社会上闲置的货币资金和小额货币节余集中起来，然后以贷款的形式借给需要补充货币的人去使用；另一方面，银行又充当支付中介，为商品生产者和商人办理货币的收付、结算等业务。

债行也是社会经济发展的产物。从银行放贷业务开始，就出现了还不起贷款的事情，各种催债、讨债机构和个人伴随着银行的产生而出现，他们通过各种方式帮银行或其他债权人解决债务问题来获取佣金收入。小规模的债事可以通过讨债机构或个人来催债，但当债事成为全球、全社会爆发的问题，已经不是一个地方机构或某个人可以解决的问题时，就需要适应新经济新常态的专业大机构来处理各种债事。

现今经济转轨时期，债事越加突显，实体行业的利润变薄，再加上无序的竞争、企业家盲目投融资等，企业的债务像苔藓一样疯狂地增长，房债、车债等信用消费的发展兴起，使债事已基本浸入到每个人的生活里，许多人为此欲罢不能。传统的解债方法不能有效地减少、减除债务，只能耗费债权、债务各方的时间、人力和财力。债务人痛苦，债权人更痛苦，并且为此产生很深的矛盾，为更好地解决债务困局，债行应运而生。

债行是依法成立的经营债事业务的中介服务机构，其主要作用是帮助债事者（债务死局的债权人和债务人）减少、减除债务。它通过债事大数据云计算发现债务链，把债事化繁为简，采用闭合、对冲、兑换、置换等债务处理方式，为其中某一环或某一个债务人减轻或消除债务。债行的债务量就是它的资金量，一个债行的资产从某种程度上说就是其所拥有的债务量。

债行的兴起（如中金债事，见图 5-6），既可降低催债的成本，也可以减少法律的纠缠，还可以有效地避免野蛮收债中的违法行为与过失、过度犯罪，对缓解社会矛盾、维护家庭和谐与社会稳定，保障健康的金融秩序，起到不可估量的作用，对经济的发展和社会进步做出了新的贡献。

债行的悄然出现，让处在负债死局的企业和个人看到了一丝希望。

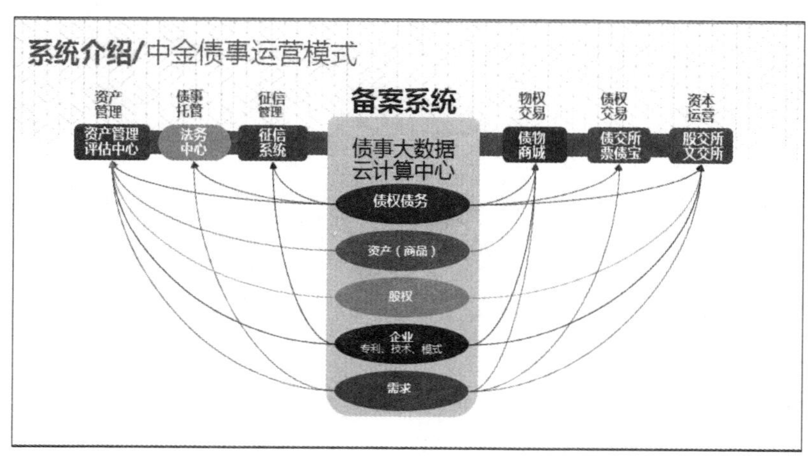

图 5-6 中金债事大系统拆解透视

2. 清债师与商人

随着债行的出现，一种新的职业悄然而生——清债师。说白了，清债师就是帮助陷入负债死局的企业和个人，通过大数据的形式，厘清债务链，然后通过对冲等方式帮助企业和个人清除债务。那么有的人会问，这个职业跟商人有什么区别呢？可以从多个角度来看：

清债师是拯救商人的人，商人是被清债师拯救的人；清债师是为天下人做事的人，商人是为自已做事的人：清债师信仰永恒、真实存在而看不见的真理，商人相信眼前当下看得见的现实；清债师是以结果为实现的怎样去做，商人是以目标为实现的做成什么样；清债师做有结果的事，商人做有目标的事；清债师用本质做事、注重无为，商人用实质做事、注重实战；清债师整体全局做事，商人单体局部做事；清债师做一定赢的事，商人做试错赌博的事。

清债师用规律、法律、概率合一的方式做事，商人拍脑门做事；清债师做事是为了赢，商人做事是为了谁说的算；清债师用众合方式做事，商人用个体方式做事；清债师用生门做事，知道生死门，商人不知生门为何物，走进死门都不知道；清债师知道进入死门会死在哪里，商人死在哪里都不知道；清债师无我、我为人人，商人自以为是、以自我为核心；清债师用的是立位强势文化，商人用的是定位弱势文化；清债师用的是未商先赢强势文化，商人用的是竞争弱势文化；清债师是知命运、掌握命运之人，商人是命运受人摆布之人；清债师用模型思维做事，商人用自我思维做事；清债师做事两面一体，商人做事没体没面；清债师是发现时代、领导时代的人；商人是迷失、随波逐流、跟随的人；

清债师是用宇宙规律、自然规律、生命规律三种规律同时做事的人，商人是用梦想、贪婪、需求三种人性弱点做事的人。

清债师众合天下使命合一，商人资源整合相互利用；清债师做的事是已经发生的未来，商人做的事是已经发生的过去；清债师的战场在货币化服务场、为赢而战即先赢，商人的战场在商场、为战而战即竞争；清债师是东方货币化家族，商人是三穷三富的富不过三代家族；清债师为社会提供的是货币化经济服务，商人为社会提供的是产品服务；清债师服命、听命、效命于国家，商人服命、听命、效命于资本家；清债师只服从并接受中国共产党的唯一领导，商人服从于多党派、立场多变。

从以上清债师与商人的区别可以清楚地了解到清债师的本质、职责、特点及作用，他们完全是自觉、认真学习业务，主动服务客户；树立良好的服务意识，落实行长交代的任务，使自己的能力得到提高，协助债行完成各项细节工作；尽量用自己最大的努力帮助需要帮助的人。

第六章

大爱众合，让天下无债

债事禅是一种担当。担当体现一个人的魄力与责任，敢于担当是一种责任，是一种行为操守，是一种思想境界，更是一种精神。

有一分热，就要发一分光；有一份职责，就要释放一份正能量。面对当前企业出现的债务难题、各种矛盾和问题层出不穷的现实，解债工作者更要有敢于担当的勇气和底气，才能更好地服务于面临债务危机的企业，帮助他们走出危机的困境。

一、顺势而为：打通经济的任督二脉

站在债事风口，企业和个人都不能落伍，应该依据当前的经济变迁趋势及最新市场走向，锐意改革、大胆创新，善于捕捉市场机遇、激发自身活力，力图获得更大的发展及周转回旋空间。

1.“五大任务”的发展机遇

中央经济工作会议中提出：经济社会发展，特别是结构性改革任务十分繁重，战略上要坚持稳中求进、把握好节奏和力度；战术上要抓住关键点，主要是抓好去产能、去库存、去杠杆、降成本、补短板五大任务，即“三去一降一补”工作。

概括来讲，去产能需要处理好稳就业和债务处置的关系；去库存需要把握好房价变化与防风险的关系；去杠杆更需要拿捏好尺度，大力发展股权融资，以市场化的方式逐步降低企业杠杆率，实质上就是化解债务问题。

具体来看，结构性改革必须抓好的五大任务如下：

第一，积极稳妥化解产能过剩。要依法为实施市场化破产程序创造条件，加快破产清算案件审理。要提出和落实财税支持、不良资产处置、失业人员再就业和生活保障以及专项奖补等政策，资本市场要配合企业兼并重组。要尽可能多兼并重组、少破产清算。要严格控制增量，防止新的产能过剩。

第二，帮助企业降低成本。要开展降低实体经济企业成本行动，打出“组合拳”。要降低制度性交易成本，转变政府职能、简政放权，进一步清理、规范中介服务。要降低企业税费负担，研究降低制造业增值税税率。要降低社会保险费，研究精简归并“五险一金”。要降低企业财务成本，金融部门要创造利率正常化的政策环境。

第三，化解房地产库存。加快农民工市民化，扩大有效需求，打通供需通道，消化库存，稳定房地产市场。要落实户籍制度改革方案，允许农业转移人口等非户籍人口在就业地落户。要明确深化住房制度改革方向，把公租房扩大到非户籍人口。要发展住房租赁市场，鼓励自然人和各类机构投资者购买库存商品房，成为租赁市场的房源提供者，鼓励发展以住房租赁为主营业务的专业化企业。

第四，扩大有效供给。打好脱贫攻坚战，坚持精准扶贫、精准脱贫，瞄准建档立卡贫困人口。培育发展新产业，加快技术、产品、业态等创新。补齐软硬基础设施短板，提高投资有效性和精准性，推动形成市场化、可持续的投入机制和运营机制。加大投资于人的力度，使劳动者更好地适应变化了的市场环境。继续抓好农业生产，保障农产品有效供给，落实藏粮于地、藏粮于技战略。

第五，防范、化解金融风险。要有效化解地方政府债务风险，做好地方政府存量债务置换工作，完善全口径政府债务管理，改进地方政府债券发行办法。要加强全方位监管，规范各类融资行为，抓紧开展金融风险专项整治，坚决遏制非法集资蔓延势头，加强风险监测预警，妥善处理风险案件，坚决守住不发生系统性和区域性风险的底线。

在 2015 年 11 月发行的《中共中央关于制定国民经济和社会发展第十三个五年规划的建议》辅导读本上，央行行长周小川撰文指出，“十三五”时期，应着力加强多层次资本市场投资功能，优化企业债务和股本融资结构，使直接融资，特别是股权融资比重显著提高。从 2014 年到 2020 年，非金融企业直接融资占社会融资规模的比重将从 17.2%提高到 25%左右，债券市场余额占 GDP 的比例将提高到 100%左右。围绕“坚持共享发展理念，发展普惠金融”，周小川指出：要支持小微企业依托多层次资本市场融资，扩大中小企业各类非金融企业债务融资工具及集合债、私募债发行。

尽管当前的企业面临着转型挑战、负债冻局等困境，但是在中国经济已进入新常态、处于转型发展关键阶段的背景下，随着各项创新政策逐步推出，各类存量债务冻局将得以有序化解。当前，国家鼓励大众创业，万众创新，站在债事风口，企业和个人都不能落伍，应该依据当前的经济变迁趋势及最新市场走向，锐意改革、大胆创新，善于捕捉市场机遇、激发自身活力，力图获得更大的发展及周转回旋空间。

而不断推进金融服务变革，是适应和引领经济发展新常态的重大创新，是适应国际金融危机发生后综合国力竞争新形势的主动选择，是适应我国经济发展新常态的必然要求，也是具体解决企业在生存发展过程中遇到的债务价值交易难题、为负债繁重的企业快速搭建债务解决新渠道、快速解决企业债务的必然选择。

国际货币基金组织第一副总裁戴维·利普顿先生也建议中国成立专门机构处理债务问题。在他看来，中国需要全面的计划和具体的行动，来硬化预算约束（特别是对国有企业），对薄弱企业进行重组或破产清算，确认和分配损失，处理相关的社会成本，并便利市场准入。

2016 年 6 月 15 日和 6 月 23 日，“国新办”连续召开两次新闻发布会，国家发改委、财政部、人民银行、银监会等有关负责人介绍了中国债务率分析及对策的有关情况。

其中，在 2016 年 6 月 23 日国务院新闻办公室举行的吹风会上，重申去杠杆是中央经济工作会议部署的供给侧结构性改革五大任务之一，有效降低非金融企业杠杆率是当前防范和化解债务风险的关键。国务院层面给出了防范和化解债务风险的四大对策：第一是宏观上保持经济平稳发展，继续实施稳健的货币政策和积极的财政政策，避免经济运行“硬着陆”。第二是策略上有序渐进去杠杆，遏制杠杆率过快上升的势头，把增量控制住，再稳步推动杠杆率绝对水平下降。第三是结构上优化杠杆分布，降低企业杠杆，即根据我国债务杠杆分布情况，优化债务在政府、居民和企业之间的配置。政府和居民部门可适度加杠杆，帮助企业降低杠杆率。区别对待企业去杠杆，针对不同行业特点、债务期限结构、在经济周期中的阶段等，有扶有控，稳妥有序开展去杠杆。第四是加快推进供给侧结构性改革，多措并举降低企业杠杆率。根本上要释放经济活力和创造力，提高投入产出效率。

具体来说，一是采取简政放权、国企改革、兼并重组、僵尸企业出清、化解过剩产能、清费降税等多项供给侧结构性改革措施，充分释放市场活力，淘汰低效生产者，推动资本向高效生产者转移，提高企业盈利水平，增强企业债务清偿能力。二是深化资本市场改革。推进债券市场规范发展，完善多层次股权融资市场，建设直接融资和间接融资协调发展的金融市场体系，提高企业直接融资比重。三是继续深化利率、汇率、监管等相关改革，进一步提高金融市场配置资金的效率。

国家金融与发展实验室理事长李杨透露，国家将成立一个专门机构，对债务问题进行统筹管理。在他看来，必须要警惕债务问题，如果任其蔓延会使得经济活力受到约束，对经济长期发展肯定不利。债务问题必须放在重要位置解决，而这不是一个简单的某部门可以解决的，需要从整体上着手。实际上，这是 2008 年全球金融危机以来，中国债务统筹机构的说法首次进入公众视野。

2. 供给侧改革，构建新时代的产业链

2016 年 1 月，一篇名为《中国供给侧改革是否有助于中国？》的文章发表，其作者北大金融学教授、中国经济问题专家迈克尔·佩蒂斯提出建议：如果要将经济调整的成本降至最低，并且严防经济转型出“岔子”，唯一的出路就是加速需求端和债务偿还的再平衡。文中提到，任何一项重要的改革，都应着眼于促进家庭收入的快速增长，或者致力于偿还债务。他指出，财富的转移和供给侧改革是完全可以兼容的，关键在于改革如何规划。而中国想要降低债务风险的爆发，最好的方式就是让地方政府承担债务成本，让地方政府以直接或间接的方式清算资产、偿还债务，

并且将财富转移到家庭部门，进而增加居民的财富。偿还债务和增加居民财富是衡量任何一项改革成功与否的两个指标。

宏观调控从“需求侧”迈向“供给侧”的政策目标就是出清旧产能，温和去杠杆，进而通过推动创新提高全要素生产率，创造新需求。这表明政府对部分产业领域的产能过剩、僵尸企业容忍度显著下降，给其带来直接冲击，表现为债务风险更多、更快暴露。

对于信用债市场而言，在以往较长时间产能过剩领域大量企业主体基本面持续恶化的背景下，随着市场出清的加速，相关僵尸企业势必会成为债务违约的核心雷区。重点行业及发债主体的“排雷”将成为信用债投资领域的第一主题，去产能和周期行业筑底任重道远，“国有背景”、“规模较大”等所谓的潜在刚性兑付保证也可能逐步消散。

在经济结构改革过程中，去库存及过剩产能的有效化解、相关的产业优化重组，势必会导致市场出清加速。仅从企业融资的角度而言，由于以往货币政策持续宽松，各类企业通过贷款、发债等渠道进行融资的难度较低。随着相关金融和融资政策或将出现鲜明的结构性收紧，长期低效率甚至无效率的企业主体借新还旧势必难以为继，不得不退出市场。

国务院发展研究中心研究员、著名经济学家吴敬琏先生在2015年曾有言：靠投资拉动经济是寅吃卯粮。如果靠投入资源去解决问题，而我们又没有那么多的资源，当资源越来越紧缺时，投进去的就是票子、债务，就是寅吃卯粮。是的，整个国家的资产负债表，包括政府的资产负债表、企业的负债表和居民资产负债表，杠杆率越升越高，特别是整个企业界杠杆率远远超过了欧盟所规定的90%的水平，从而在某些环节上越来越容易出现债务危机和资金链断裂。他还告诫大家，如果这种情况继续发生并且扩散开来，将会影响整个国民经济的稳定，出现所谓的系统性风险，对于从需求侧去看问题、从需求侧去找解决的方法让大多数人失去了信心。

吴先生的话一针见血。债务的关键环节在资金链，争取时间渡过危机的首要任务是维持资金链不断裂，从而避免形成系统性风险。然而，如果延续借新债还旧债的老办法，不但将使杠杆率进一步走高，也将令资源错配、融资成本居高不下的情况延续下去，积累到最后是更严重的后果。网上随处可见的因 P2P 跑路、停止支付引发游行示威的视频，很能够从一个侧面反映当下中国所面临债务问题的严重性。

换一个角度，在负债端规模无法在短期内缩小的情况下，扩充资产端规模、做大分母，将有效改善企业的资产负债表，使负债率有效下降。而股权融资，正是做大资产端最直接、最有效的办法。

经济学家魏杰对“去杠杆化”的解释是变“债务融资”为“直接融资”。何为“债务融资”？即银行贷款或高利贷等有价资金，这些资金的融入增加了企业的负担；何为“直接融资”？即股权投资、股权融资、资本市场等，也叫投资，就是投资方与企业是一家人，与企业共享风险与回报，大家互相依托、互相制约。

去杠杆化，即减少所有企业的债务比例，因为社会负债率太高。高杠杆国家容易出现金融风险，要靠发展直接融资降杠杆。

资本市场是投资市场而不是投机市场，真正的投资，不是简单地看指数，而是要看回报。

2015 年下半年成为高频词的“供给侧改革”并不是什么新鲜的东西，纵观世界经济历史，美国曾在 20 世纪 70 年代陷入滞胀，里根经济学用减税帮助美国走出衰退；英国在 20 世纪七八十年代面临滞胀叠加结构性问题的窘境，撒切尔主义采用国企改革等措施促使经济好转。而中国的立足点是经济结果的调整和优化，简单来说，就是供给好的产品，深耕于四个基本要素：劳动力、土地、资本、创新。具体体现为：在劳动力方面，放开二胎、改革户籍制度并大力发展服务业；在土地方面，加速产权流转，提高土地要素的流动性；在资本方面，推进资源品价格改革、降低原材料成本，减税降费，推进利率市场化并进行养老保险体系改革，提升资本运行效率；在创新方面，鼓励双创，提升创新转化。

无疑，实行供给侧改革的目标就是促进过剩产能的有效化解，促进产业优化重组；降低成本，帮助企业保持竞争优势；化解房地产库存，促进房地产业持续发展；防范、化解金融风险，加快形成功能健全的股票市场。

供给侧改革还会对杠杆率产生影响。去产能化意味着企业部门杠杆率将持续下行，户籍制度改革和二三线城市地产库存去化意味着居民部门杠杆率将持续下行，减税降费和财政支出提升意味着政府部门杠杆率将大幅上升，而防范、化解金融风险和企业降低财务成本则意味着金融部门杠杆率将缓慢上升。

“+”时代进入高潮，把“X+”作为推进供给侧结构性改革和

“双创”的重要抓手。

债事大系统正是顺应政府当下发展战略，从供给侧改革以及“互联网+”着手，着力解决目前需求不对称的问题。作为中国首家创新型“互联网+债事”生态服务平台，专门为政府、企业和个人债事生活搭建，将运用新思维、新理念、新方法、新途径，采用减量工具和智能分析债事系统实现债务链闭合、兑换、对冲、置换等，为进入负债死局的债事者，实现债务减少、减除。其研发成功并启动运行意义非凡。

有人存疑，债行是否是金融系统？作为生态产业链服务平台，债行和金融有很大不同：金融用“信用借贷增量”工具，债行用“债事众合减量”工具；金融让人产生债务，债行帮人减少、减除债务；金融是为贪婪自我服务，债行是为解除债务痛苦众合服务；金融帮助债事者用钱或资产解决债务（一定程度上增加债务剪债务人的羊毛），债行帮助债事者获得债权兑换、对冲、闭合，减少、减除债务；金融通常用负债死局死亡模型夺走债事者的全部资产（流离失所、家破人亡、妻离子散、房无一间、地无三分、欠下三代人都无法清偿的巨额债务），债行用债事众合生命成长模型让债事者死里逃生（获得新生）；金融让债事者无路可走、奔向死亡，债行给债事者一条生路、绝处逢生；金融用信用借贷增加债事者与社会之间的矛盾；债行用众合减少、减除债事者与社会之间的矛盾；金融放大债务，让债事者最终雪上加霜、陷入人生死局，债行减少、减除债务，让债事者最终得到解脱、获得新生；金融服务人的求生欲望，最终给予的是死亡，债行服务人的死亡、无奈，最终给予的是自力更生；金融用债务创造财富，债行用众合创造财富；金融的结果让人贪婪、走向债务死局的绝路，债行的结果让债事者有爱众合，走向减少、减除债务的生路。金融是传统经济洪荒状态，债行是新兴经济生活状态。

二、债事走进生活，开启财富新时代

城市债行应运而生，主要为债权人和债务人提供债事服务。通过搭建债务链，运用精算模型，通过整体思维、全局思维，遵循我为人人、服务在先、众合从业、人己双赢的原则开展所有的服务工作，让减少、减除债务成为一件顺便的事，让赚钱成为必然。

依旧有许多人还在怀疑和观望，但历史的车轮滚滚向前，债事生活的未来已扑面而来。

1. 解债并不“占有”债务

人们都知道，资金的流通是解决债务最重要的一部分，流通本身不创造价值，但却是创造和实现价值的必要条件。无论于谁而言，自古都是负债容易还债难，因而一旦需要身负债务，就应该非常谨慎、小心考虑。通常情况下，短期还款的方式可快速消除债务，需要支付的利息和成本利率也相对较低。而如果选择长期付款或更低的周期性付款，则支付的债务总额及利息就会提高。从某种意义上讲，有把握的债务可以满足需求，而无力偿还的债务不仅将花掉现金储蓄，而且还可能导致破产。

解债应该遵守的原则是“拥有不占有”。在这里，“拥有”指拥有债务的处置权，偏向于再次托管，包含收债和还债两个层面的意思，也即拥有债权的支配权，对应的是债事系统里面的备案系统或债权的托管系统、债事减少解决系统、统筹系统、资产管理系统、股权投资系统等。“拥有”的本质在于流通，系统就是流通平台，只提供平台服务、提供通道，这点和阿里巴巴所倡导的平台理念是一致的。但解债并不“占有”债务，也就是说，并不直接购买或操控债务。“拥有”是实现社会利益最大化的必要基础，而“占有”则是追求局部利益最大化的手段。“拥有不占有”，在于充分认识到良性债务背后潜在的巨大价值，却不让债务成为负担。

早期商品流通将交换过程分解为两个独立的阶段：售卖过程（W—G）和购买过程（G—W），从而将交换过程分解为卖和买两个独立的行为。商品流通两个阶段的任何一个环节中断或受阻，都会使经济活动之间的联系无法实现，从而潜藏了经济危机的可能性。

解债所要做的就是链接所有可以链接的负债者，服务所有可以服务的负债者。和其他强大的系统一样，链接的负债者越多，链条上的社会资本就越多；服务的负债者越多，链条所代表的信用财富就越多。

2. 解决债事问题的核心

解决债事问题的核心主要是利用数据云计算平台，当债务人在大系统备案后，工作人员在解债时运用“挡”、“缓”、“清”、“消”、“生”五字真经。

对于专业“讨债人员”，因为存在利益的诱惑，和债权人之间的利益分成比例常常达到 50%左右，所以这些“讨债人员”会非常卖力。其中也有一些所谓的“法律人”给提供支持，这些人常常游走在法律监管的灰色地带。例如，不会告诉警察自己讨债是收费的，当警察不在场时，对债务人进行恐吓、殴打、限制人身自由等违法犯罪行为；当警察在场时马上收敛，变成和债务人“协商和商谈”。其对债务人采取的方法不是直接暴力，直接暴力容易造成故意伤害或者故意杀人；这些专业人士对债务人实施“软暴力”，不让债务人正常工作和生活，干扰债务人及其家人的正常生活，“逼债务人就范”，达到自己的目的。因此，在民间讨债过程中，很容易滋生违法犯罪。

而对于债务人而言，“挡”是规劝债权人控制怨怼情绪，理智对待债权清偿，以大爱精神为债务人腾出还债、解债的时间和空间，为最终找到解债方法和实现追回债务创造良好条件。利用情、理、法各种手段和方法帮助债务人暂时挡一挡，使陷入债务死局者能过上比较正常的生活，保障生产和经营的正常开展，避免出走、跳楼、挨打、拘禁、坐牢等因债而生的灾难发生。

“缓”即缓期、缓解之意，通过“挡”和“缓”的环节，在债权人和债务人之间找到一个平衡点，为债务减少、减除腾出时间和空间，为最后债事的解决创造良好条件。

欠债还钱乃天经地义，诚实信用是民事活动的基本准则，我们对不诚信的行为深恶痛绝，社会对合法债权人表示同情和支持。在实践中，情况较为复杂，我们要加以具体区分。如果“赖账者”确实是由于经济困难、丧失履行能力等原因无法还债，那么“债主”也应该具有耐心，等待债务人恢复履行能力。对那些具有履行能力而故意不履行的“老赖”，债权人在合法范围内采用一些方法和技巧是非常有必要的。需要注意的是，限制自由、恐吓、跟踪、殴打、干扰他人生活和工作的行为属于违法行为，甚至是犯罪行为。

“清”是指清楚、清理、清晰（三清）。

对于债权人而言，一是要清楚债务追偿的现状，造成债务困境不完全是个人因素，主要原因是经济大环境造成的，理解要解决债务问题非一日之功，不能有急于求成的心态，要以大爱精神给债务人时间和空间，共同寻找解决问题的方法和途径。二是要清理，即梳理自己的债权情况，深入了解债务人的资金流动性、资产及个人财产状况，摸清债务人的偿债能力。三是清晰，厘清解债思路，找到解决债务的途径和方法，拟定解决方案。

对于债务人而言，一是要清楚，让陷入债务死局者拥有良好的心态，清楚自己的处境、责任，并了解自己的权利和义务。欠债不犯法，但欠债还钱天经地义。信用是商人的生命，是立足之本。二是要清理，把自己的债权、债务，把债务人的经营状况、还款能力、资产情况等信息尽可能详细地了解和梳理清楚。三是要清晰，利用债事大系统，通过债事备案、债事统筹，寻找到消债、减债的内在规律，提出解债的思路和方案。

“消”是指根据四大思维和解债四化衍生出来的消债、减债的具体方法，解债秘籍 36 计、72 招、108 式。实现债务流通和交易，为债权人和债务人解决债事。

某大酒店总经理王广明是广州当地名人，其大酒店在当地闻名遐迩。2012 年以前，酒店的年营业额为 2 000 万元左右，但是好景不长，自从政府出台禁止三公消费后，酒店的营业额就开始直线下降。2013 年元旦左右，酒店每天的营业额仅为 1 万元；春节过后，酒店每天的营业额缩减到几千元，工资、水电费都已经成问题了，2013 年 5 月份只能关门停业。这时银行贷款和各种借款期限已到，连同人员工资、材料款等共负债 1 800 余万元，于是银行起诉查封了他的所有资产，债主开始天天上门讨债。

王老板只能短期拆借还账，但这只能使他越陷越深，银行的钱由法院执行房产和设备还清。王老板欲哭无泪，带着妻儿租房子住，每天应付各色讨债的人：黑社会绑架威胁、法院执行拘留、朋友断交、亲戚反目，诚信黑名单在各种媒体上公布，王老板已走投无路，多少次想到了自杀。

在一个偶然的机会，通过朋友了解了中金债行消债模式，就毅然决定加入债行工作，从一名债事咨询师开始边学习边报债，并用学到的知识与债权人沟通协商，要求暂缓一段时间还债。中金债行也给债权人做了大量的思想工作，终于得到了所有债权人的同意，愿意给王老板一个东山再起的机会，让他重新赚钱还账，两年时间内不问他要钱，以前的欠款这两年也不收利息。自此以后，王老板又焕发了原先的生机，不同的是，此时的王老板更加谦虚，更加懂得感恩。他用了短短 6 个月的时间就赚到了 100 万元，王老板的努力让当地债行业绩倍增，行长做出了让他担任副行长的决定，并给予其 5%的股份。虽然他还没有还清债务，但中金债行有理由相信，不出两年，王老板一定能够给债权人一个明确的答复。

解决债事问题的核心是利用“清”来厘清债务资产，从而达到“消”债的目的，为企业赢得“生”存的机会，产生新的解债思路和运营思路。

在为企业解债、消债的模型中，单向债务链的消债有时需要增加债务链上的相关债事者，人为形成相对闭合的债务链，从而达到消债的目的。

例如，中金债行接报上海某钢铁企业有 600 万元债权 5 年未回收，欠债方为武汉某特钢企业。实际解决方案：公司接到报债信息后，派出债事代表深入上海某钢铁企业，了解债权形成的原因，原来在 5 年前钢铁行业最好的时期，该钢铁企业向武汉一家特钢企业出售废钢渣，应收款 400 万元，到目前滋生违约金及利息 200 万元，合计债权 600 万元。双方已在 2016 年年底进行了债务确认。

武汉片区债事代表到特钢企业了解到的情况是：该企业目前产能压缩、无钱还债，但库存很大，特钢企业同意以物抵债，武汉债事代表复印了库存清单。与此同时，四川片区的债事代表在为某齿轮厂进行债事登记时得知，该企业正因无钱购买原料而导致开工不足，齿轮厂急需的原料正是武汉特钢的库存产品。同时我们得知浙江某物流企业欲购买 20 辆大型运输车，而汽车厂正需要齿轮。至此，一条债务链已搭建清晰，即钢铁厂—特钢厂—齿轮厂—汽车厂—物流公司。我们首先找到钢铁厂，签订清债合同；然后拿着合同找到武汉特钢厂，因武汉特钢厂没钱，所以同意以 700 万元的库存进行抵账，并签订了协议；我们拿着协议找到四川齿轮厂，该齿轮厂同意用 850 万元的齿轮进行易货（700 万元的原料可以生产约 2 000 万元的齿轮）；我们拿到合同后找到了汽车厂，欲购买 20 辆载重汽车（价值 800 万元），提出用 850 万元的齿轮进行兑换，剩余部分给成现金，后经协商，同意用 21 辆汽车易货。随后中金债行开始实操，历时 20 天，把 21 辆汽车全部卖给了物流公司，得款 840 万元。款项到达后，中金债行立即支付给上海某钢铁企业 540 万元（收取 10%的服务费），整个过程中我们获取毛利 300 万元。

本案例中，收回了一家企业的债权，消除了一家企业的债务，解决了三家企业的库存。本案例涉及金额 3 000 万元，疏通了企业物流与资金流。

3. 解债的正确模式

不管是债权，还是债务，统统都是“债”的事，简称“债事”。对债权人来说，“谁借谁还”是“天经地义”的，但要回“钱”重要还是借“钱”人亲手给你重要？只要能要回“钱”，有必要指定还钱人吗？

对债权人来说，只认现金，其他“神马都是浮云”。但是，即便逼死债务人也没有现金，你要怎么做？难道世界上只有“现金”才是“钱”吗？

这是利用大系统解债的一个真实案例。北京有一个知名画家，这里我们不方便透露具体人名。2012 年的时候，这个画家看好山西的一个煤矿，他手里有 6 000 万元资金，又向北京的朋友借了 2 000 万元，花 8 000 万元购买了一个价值远远超过 10 个亿的煤矿。由于自 2013 年起中国经济步入了下行的新常态，煤炭生意不景气，加上管理不善，画家赔了不少钱。从 2015 年年底开始，北京的朋友天天向他追讨 2 000 万元的借款，逼得他走投无路，连跳楼的心都有了。这位画家就和北京的朋友说：“我这矿现在至少值 2 亿元，我把矿给你，抵这 2 000 万元的债行不行？”北京朋友连连摇头，表示："别说 2 000 万元了，就是 200 万元给我，我也不要。"后来甚至说煤矿白给都不要。

在巨大的债务压力下，这位画家在 2016 年 3 月份找到我们，说只要谁能出 2 000 万元把北京朋友的债给还了，他就把这个矿山送给谁。我们让画家在系统中备了案，通过了解我们发现，其北京朋友是急于为从加拿大回来的儿子买婚房，儿子结婚等着用。通过债事数据中心我们发现，有一位广西北海的老板有一套价值 1 600 万元、位于北京的房子能满足这位北京朋友的需求。于是我们让这位北京朋友去看了房子，他非常满意，当即同意用这套房子抵他 2 000 万元的债。

我们回头找拥有这套房子的广西北海老板，他提出自己欠了浙江义乌老板 2 400 万元，要求以这套房子抵消这笔债务。而浙江义乌老板是一个投资商人，通过我们的引导，他愿意再拿出 2 000 万元现金，以 4 000 万元购买那座煤矿，顺便也收回了广西北海老板的 2 400 万元欠款。

经过我们一个多月的努力，广西北海老板用 1 600 万元的房子还了 2 400 万元的债务，浙江义乌老板用 4 000 万元买了价值超过 10 个亿的煤矿，北京朋友拿到了天天在增值的房子，北京画家用煤矿抵债解决了让他天天头疼的 2 000 万元债务，我们还让他多得到了 1 600 万元。四位老板皆大欢喜，都非常感谢我们，北京画家还额外送了我们 7 幅画表达谢意。我们也拿到了相应的服务费，得到了实惠，让赚钱成了顺便的事。

需求思维案例：如图 6-1 所示，以债权人的需求为导向，通过债事商城以物易物，实现债的流通、置换和对冲，验证了债事禅理论“债，不一定亲自还；债，不一定用钱还；债，不一定足额还”的三大主张。

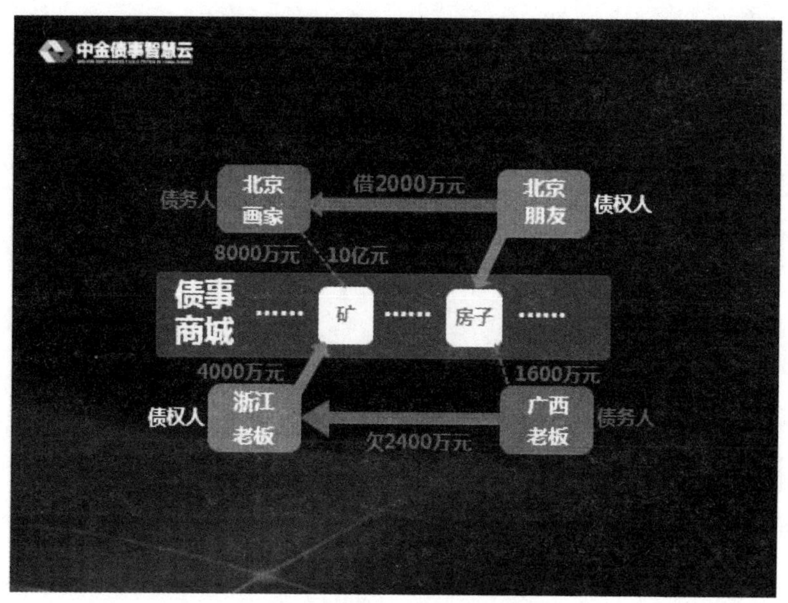

图 6-1 需求思维示意图

对债权人来说，一定要借多少还多少，还要加上利息。在经济上行的时候这样要求无可厚非，但在经济下行阶段，你觉得可行吗？

对债务人来说，几十年来已经习惯了资产、财富的概念，对债务却很陌生。结果，当债务问题冒出来时，恐惧、逃避、慌不择路，要么借新偿旧，结果负债越来越高；要么躲避、跳楼，种种不堪。既然债务的产生是规律，那么处理负债也是一门科学。在经济上行时，权钱交易搞资源、称兄道弟玩整合、机关算尽搞利润、意气风发玩扩张，你是“能人”；但当经济下行时，应该正确处理负债。

吉林有一个彭总，在某市开发了一家商场，建筑面积为 40 000m^2，均价为 20 000 元/m^2，商城总价值为 8 亿元。由于传统商业受到大环境的影响，加之资金链断裂，商场未能正常经营，欠了业主 2.2 亿元的债。同时，该市有一个住宅开发项目 A 楼盘，负债 1.2 亿元，后续开发资金还需要 6 000 万元，否则难以继续开发。两个项目都存在烂尾风险。经过我们了解、撮合、协调，各方达成了一致的解债方案：彭总商场的 160 名债主都是拆迁户，需要购买住房，同意用以成本价计算价值 2.2 亿元、18 个月后交付的 160 套 A 楼盘的住宅期房，置换他们拥有的商铺产权和债权；A 楼盘开发商同意，彭总支付给 A 楼盘 1.8 亿元现金，开发商以市场价 6.5 折的价格供给彭总 160 套价值 2.2 亿元的住宅期房，18 个月内交房；经过与银行协商，银行同意彭总以价值 8 亿元、产权清晰的商城，抵押贷款 2.2 亿元。最后，彭总以价值 2.2 亿元的 A 楼盘住宅期房还清了债务，换回了商铺的产权；以商城抵押贷款 2.2 亿元，支付了 A 楼盘 1.8 亿元的购房款，剩下 4 000 万元现金，盘活了商场；A 楼盘拿到了彭总支付的 1.8 亿元购房款，还了 1.2 亿元的债，剩下 6 000 万元，解决了后续开发资金问题，救活了项目；商场的债主用商铺的产权和债权以成本价换到了住宅，解决了安置用房，债务也得到了圆满的解决。

本案例通过资本运作、资产置换等方式，“借尸还魂”，实现了财富漂移，不仅解决了债务问题，还救活了两个陷入困境的房产项目，如图 6-2 所示。

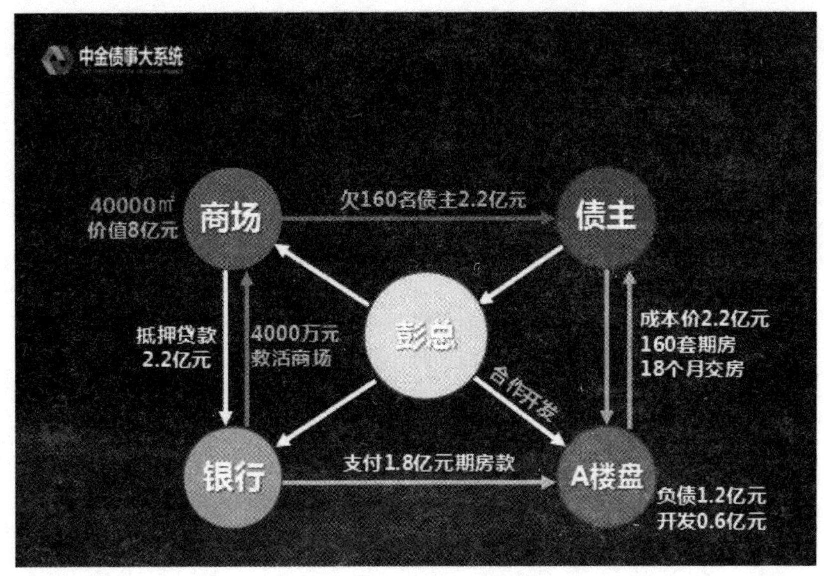

图 6-2 案例示意图

每个企业都有负债，有长期的、有短期的，我们经常会遇到无法清算的负债。是什么原因导致我们的债务越来越多、越来越重？你的债务问题，通过正确的途径都可以为你解决，教你如何利用“不碰钱，拥有不占有”的原则解债、消债。通过搭建债务链，对因负债陷入死局的企业和个人，采用闭合、对冲、兑换、置换等精算工具，实现债务的减少、减除。

欠债的企业在国内有很多，讨债新闻也不少，关于暴力非法讨债的案例更是举不胜举。当欠债无法回收时，很多人往往会采取过激的行为。正常讨债不犯法，但如果采取限制人身自由、非法拘禁、控制债务人家人或小孩、私自查扣债务人的资产、非法扣押债务人等手段，就是违法的。

公司的经营出现了资金问题，碰到债务纠纷该怎么办？讨债一直都是一件让大家头疼的事情，怎样才能够成功地追讨到债务呢？执行法院判决，这本是天经地义的事情。但在按照法院判决执行的过程中，极易引发群体性事件；如果政府部门放任自流，则可能会出现群体斗殴事件。如果在这其中能够有效协调，做秩序的维护者，则债主的利益可以被追回，社会的秩序也可以免遭冲击。

积极参与其中，一方面可以通过自身的超然地位保证居中调停，另一方面也能搭建双方沟通平台，让原企业的职工代表和作为债主的企业代表有一个顺畅的沟通平台。

4. 如何实现多方共赢

当天量信贷被爆出后，市场一片哗然。“近 2.5 万亿元的新增人民币贷款不仅创出了单月信贷投放的历史新高，较‘四万亿’刺激政策期的 2009 年 1 月新增信贷 1.62 万亿元还超出 8 900 亿元。这也令有关中国债务风险的担忧近期再度甚嚣尘上。”一位商业银行工作人员表示：“自 2007 年以后，尤其是 2008 年‘四万亿’经济刺激政策推出后，中国债务的规模快速、空前攀升，对金融体系已经形成巨大的风险。”“从总量上看，2007—2014 年中国的债务总额翻了两番，占同期全球债务新增额（57 万亿美元）的三分之一。”但是麦肯锡的报告却显示，包括政府、银行、公司和家庭的借贷，中国的债务已经从发展中国家水平（2007 年债务占 GDP 的 158%）上升至发达经济体水平（2014 年债务水平占 GDP 的 282%，略高于美国和德国）。

有专家认为，中国的负债率至少在未来四年还会不断攀升，这凸显出了中国决策层所面临的两难困境，即在提振当前经济的同时又要预防信贷出现井喷风险。彭博最新调查显示，12 名经济学家中有 7 名认为，中国债务与 GDP 之比至少会涨到 2019 年，其中 8 名经济学家认为会攀升至 283%。据经济学家 Julian Evans-Pritchard 表示，我们不确定中国的债务率是否会在 2020 年前达到顶峰，但分析模型显示，中国债务率在 2024 年达到峰值。然而，如果中国决策层在改进信贷分配上未能成功实行必要的改革，那么这一比率还会进一步上升。随后经常“看空”中国的海曼资本的创始人兼对冲基金经理巴斯（Kyle Bass）也警告称，国有企业和基础设施项目方面的贷款旨在支持中国经济增长，而这是中国银行业面临高额的债务和贷款的原因。这些债务有可能成为中国金融危机的导火索。相比之下，美国银行的次级抵押贷款在金融危机中的损失就显得相形见绌。

全球规模最大的不良债务投资公司——橡树资本（OAKTREE）联席董事长霍华德·马克斯（Howard Marks）表示，各国央行长期实施的低利率政策以及宽松的资本市场已经驱动投资者偏离应有的风险曲线，从而追求有吸引力的回报。

央行曾发布了金融市场运行情况，数据显示 2015 年 9 月银行间债券市场共发行各类债券 2.3 万亿元，同比增长 121%，环比增长 19.8%。在整体债市持续火爆的情况下，公司债表现得尤为突出。数据显示，自 2017 年年初以来，交易所公司债公开发行规模已超过 3 700 亿元人民币，其中仅第三季度就高达 2 334 亿元，仅一个季度的发行量已经与近年来发行量最高的 2012 年度总额相差无几。

中国社科院学部委员余永定在浦江创新论坛上强调称，据中国社会科学院的测算，目前中国公司债占 GDP 的比重已经高达 140%～150%，从绝对数量来说中国已经超过了美国。受中国的资本产出率不断提高、通货膨胀率降低等多种因素的影响，预计到 2021 年，我国公司债务占 GDP 的比重可能会上升至 200%。“这是非常危险的情况，我们必须要解决这个问题。公司债进一步提高会导致许多企业的违约，利息率的上升、不良债券的增加会导致银行危机，所以我们必须严重关注公司债的问题。”不过，余永定分析，由于中国政府的财政状况较好，拥有大量国有资产，且并没有沉重的外债负担，所以只要政策得力，就可以克服挑战。

总体来看，目前业内认为公司债市场具有的风险可以分成两大类：一类是信用风险，即债券可能产生的违约风险；另一类是市场风险。

关于市场风险，业内认为公司债的价格过高，发行利率过低，定价存在非理性现象；同时，投资者为了提高公司债的收益率，使用质押回购、结构化安排等手段进行杠杆操作，可能存在一定程度的高杠杆现象；此外，当价格高和杠杆操作叠加时，如果再受到宏观经济或股市向好等因素的影响，则未来交易所债市可能会出现资金面紧张局面，可能会出现债券抛压或去杠杆，从而引发债市泡沫破灭。

对此，有业内资深人士表示，市场关注的新公司债发行利率过低只是个别现象，其发行利率差异化明显，定价相对理性。同时在国内经济下行压力较大、经济加速转型的宏观背景下，债券发行利率下行是长期趋势，交易所公司债发行利率是对这一趋势的先导性反映，近期国债等其他品种的利率和银行间市场利率都在加速走低。利率下行并非交易所公司债市场独有，同期银行间市场发行利率也在下行。

5. 债行天下，天下无债

在《超级符号就是超级创意》一书中，作者华杉、华楠提出："市场机会的背后是社会问题。永远不要忘记是社会机制让你生存，要用社会价值观而不是社会利益观来看待自己的业务，这样我们才能基业长青。顾客利益导向、社会价值导向地思考问题才是企业安身立命的根本，狭隘的竞争导向思维，仁者不为，智者不屑，远离王道，霸道亦不可为。"

经济快速发展，增量借贷工具的普遍使用，使债事问题日益凸显。仅 2015 年，上千个城市面临债事危机，许多企业老板破产倒闭、跑路失联，有的甚至伤心绝望地选择了极端行为……由此凸显出来的社会问题也已经严重影响了经济社会的发展。解债，是解决这个社会问题的重要途径。

挪威海德鲁公司有一个著名的"四个圈"的故事，阐述了企业社会价值的基本内涵：在发展最初，企业唯一关心的是产品的质量、价格和利润。随着发展，企业进一步发现改善员工的工作环境可以在不增加投资规模的情况下提升产品的生产效率，进而增加利润。当发展到一定规模，企业将意识到为了可持续发展，企业必须采取措施保护环境并节约社会资源。当发展到跨国公司时，企业发现要在异国获得成功，就必须要尊重地方文化、尊重人权及生产可持续发展性产品。

在解债过程中，大债权、大数据、大系统、大流通、大众合、大循环正是尊重文化、尊重人权及发展可持续性的全面考量。我们以大债权为例，债市服务定义的“大债权”必须包含人权、债权和物权，强调的是债事人能够轻松面对，自我认识债的本质，实现债事无忧。

在解债的过程中，必须根据债务链减少、减除债事，根据债事减量工具做资产价值高效货币化，用债事减量工具高效货币化、资产价值高效货币化为债事者服务，为资产价值者服务。用精算先赢模型解决“死局”后的债务链，用“债事众合”创造价值，让更多的债事者减少、减除债务。

可能有很多人会问：债行和银行的相同点和不同点是什么？二者都提供债事工具服务，但债行提供非金融方式的债事减量工具服务；银行提供的是金融方式的债务增量工具服务。

债行解债主要以生活角度闭合、兑换、对冲（非金融对冲）提供服务，以“不追债、不讨债、不碰债、不诉讼、不涉黑”为原则，尊重人们应该拥有的权利，即站在债市大风口上，让不欠债成为必然。

1999 年，马云创办阿里巴巴，提出“让天下没有难做的生意”这一核心原则。他是这样说的：“我们要求销售人员出去时不要盯着客户口袋里的 5 元钱，而是负责帮客户把口袋里的 5 元钱先变成 50 元钱，然后再从中拿走 5 元钱。”“如果客户只有 5 元钱，你把钱拿走，他可能就完了。然后你再去找新的客户，那是骗钱。”“客户都完了、穷了，阿里巴巴也就完了。”

这是马云和阿里巴巴的价值观。

债行服务的价值观应该是：对债事进行更深入的市场调查与研究后，关乎责任与梦想的某些东西便渐渐地在内心开始修正、沉淀，从而依靠债事大系统，追求天下无债——没有收不回来的债，也没有还不掉的债。

债行顺时应势，是这个时代的必然产物，成为僵尸产业、休眠实体及睡眠中具有价值物品的高效流通转换通道，更是灵魂当铺的唤醒圣地，为负债者规避信用经济环境绑架与操纵，将已负有的债务输出成高效货币化能力，为社会提供债务减量工具减量减除债务。

债行服务除了解除减除债务，更重要的在于助力人们心灵的净化，正确认识债务，帮助个人、家庭、企业放下这个包袱，用先进、合法、合规的方法减债消债，不让债务成为企业家及个人的负担，而应该成为为人们所用的武器。

债行在帮助企业及个人解债的过程中，必须带着“以大爱拯救债事群体，让负债者有尊严地重生”的使命，在“我为人人，服务在先，众合从业，人己双赢”的指导原则下，利用债事精算模型，以及大系统、大数据、大流通、大循环、大联合，亦即众合，链接所有可以链接的负债者，服务所有可以服务的负债者，用大爱的精神，通过债务链的搭建，为企业及个人解决债务问题。

可以想见，债务链接得越多，社会资本越多；服务得越多，信用财富越多；提交的债务越多，获得的债权越大。在帮助别人解决债务的同时，自己的债务也被顺便解决，且可能惊天大逆转，由债务人转变为债权人，从被追债到有债可追，让减少、减除债

事成为顺便的事，最终实现共赢，真正实现天下无债，达到犹如天下无贼一样的境界。

2015年被称为“债事元年”，更是一个众合的新时代。众合，是一种态度、一种思维、一种精神、一种文化，更是一种信仰。正所谓，众生势，合生能，赢在众合。

古人有言：“发上等愿，结中等缘，享下等福。”如此说来，债事统筹、消债减债是一种菩提行。创新、合众、分享和大爱，是债事统筹思想的灵魂。债事统筹的成功，不是体现在从业者的腰包里，而是体现在债事者的笑脸上。

忠实恪守是债行负责任的解债使命，系统解决债事逻辑，生动演绎一个财富故事。债事众合，不仅仅是债事信息、债事从业、服务与环境的硬实力博弈，更是决策心智、债事文化、运作模式、服务体系的软实力较量。归根结底，债行解债要落实在尽善尽美的执行中，让更多的债事者充满欢笑，大爱众合，天下无债。

后　记

早就动了写一本关于债务方面的书的念头，当我把这个想法说给身边朋友们听时，他们的反应都是瞪大眼睛看着我：“学军，债务这种事情唯恐避之不谈、躲之不及，更何况还涉及深奥难懂的经济学，谁会看？”也是。

2014 年 4 月 25 日，当微软完成对诺基亚的收购时，诺基亚 CEO 约玛·奥利拉曾在记者招待会上说了这样一句话：“我们并没有做错什么，但不知为什么，我们却输了!”柯达、摩托罗拉、诺基亚、东芝、索尼……这些曾经都是那个时代下最好的企业，但它们却一个接着一个破产、倒闭、衰退。它们好像并没有做错什么，但不知为什么都输了。

2015 年前，我几乎也是怀着相同的疑问质疑，到底有没有一个模型能够成功解债？于是从那天起，我开始研究这个领域。在我之前，这个领域一直有人在做，却又因为各种困难浅尝辄止。这么多年来，我找过不少人大胆尝试，但都因为各种原因，并没有形成完整的体系。

为了更进一步地接近真相，我潜心于这个行业的研究，做了一名“清债师”。从 2003 年开始，我先后在湖南、江西、山东等地收购了 1 000 多亿元不良资产，最多的时候拿到了 1 300 多亿元的债务。我清楚地记得，我的第一笔债券签下来是 100 多个亿。

当时在湖南等地处置这个债务的时候，追讨债务的人是这么说的——“债若能讨回来，一人一半。”帮我讨债就有钱拿，他们不用成本，我却等了很久。作为债权人，本该有理，为何变成了无理呢？这是在之后很长一段时间内我都没有想明白的事情。现在看来，当时我花钱买债的行为不太明智，只因为当时太过年轻，并不理解“拥有不占有”的真谛。清债的经历其实有时候很有意思。当我开始收购清偿的时候，债务的各种历史遗留问题纷至沓来；而每当我山穷水尽之时，又总会有各种神奇的事情发生，让本已无力回天的事件峰回路转、柳暗花明。

经过创业初潮那几年的努力，我渐渐想明白了一些道理。其实债务的变化是有规律的，只是我当时过于贪心，碰了不属于我的债，赚了不该我赚的钱。我明明可以不经手，只要站在自己的立场上替债权人解决了债务方面的问题，从中直接获取佣金即可，却非要在简单的链状关系中增加一条新的债务链。这种方法并不适合解债，似乎更像是在做加法。于是我开始根据已有的人脉资源进行债权链接，让原本存有的债务相互对冲，抵消部分不良资产，让闲散的库存真正流通了起来。

我是一个企业家，更是一个行者。我视商界如修行场，因为功德未满，所以劫难不断。我把清债的经历当作一场智慧、仁爱、利益的修炼，每一次尝试行走，都需要忍受痛苦、寂寞和不甘……多年后，我终于幡然醒悟，以清澈明了之心，以无私无欲之求，真正明白了债务的含义。禅与债，原来就犹如前世今生。禅、债融合，使我的眼界更加开阔。在这个领域中，我摸爬滚打了多年，积累了一些经验，也汲取了很多教训。在某些方面，我甚至成为了一个区域范围内的清债专家。对于债务来说，我一直是它的受众，也因为深知受众群体的习惯，所以才更有可能站出来讲一些实话。诚如我在书中所分析的，债务危机的根本原因不外乎以下几点：一是经济环境变了；二是过度融资；三是非理性投资；四是自以为是；五是人性贪婪。

这些原因都源于无休止的市场恶性竞争，大家在经济和商业规律都发生改变的环境下，局限在传统的商业模式当中。一直在试错，一直在为失败做准备。

在中国，绝大多数生意人都是有借贷的。如贷款、办信用卡、民间借贷，都是在增加负债。大量刷信用卡，零首付买房、买车等提前消费行为，让更多人面临巨大的负债。

债事危机不仅仅是债务人的危机，同时也是债权人的危机。这是信用经济带来的结果，是商业赌性投资、个体户因素导致的负债。很多企业和个人都在使用增量工具（如借贷等）增加负债，对现金产生了依赖，养成了缺钱就借贷的习惯，使得拥有债事成为了必然。

债务之所以没有办法解决，是因为我们还在大量使用增量工具。我们用错了工具，习惯用赌性去试错，而这样做的结果只会增加负债。而要想减少、减除债务，只有用减量工具才能得以转换。

债事，正在面临一个风口。

这个时候，每个企业家都需要一场修炼。不仅为现代经济生活输入智慧资源，更是对企业经济行为的一种品质沉淀。企业家要想真正成为“由内而外”的商界领袖，就需要通过“禅”的方法进行“心”的修炼，自我认知、自我觉察、自我反省、自我修正，用心工作、用心关怀、用心创造，随时打破局限、打破教条，掌握事物变化的规律，审时度势，制定和执行最佳决策。

人生的最高境界，就是回归本质。

未来我要做的就是，与更多的人分享我的体会和理解，让负债者抛弃因为债务背负的沉重心灵负担，轻装上阵，再创人生新的辉煌。

众生势，合生能，愿大爱众合，愿天下无债。